Gib niemals auf,
sei kein Verlierer

Mein aufrichtiger Dank gilt

Gisela Nehrbaß
Ohne ihre Beteiligung und Motivation,
wäre dieses Buch nicht entstanden

Nicole Wendschuh
Für die Satz- und Covergestaltung

Ernst Crameri

Gib niemals auf, sei kein Verlierer

Schluss mit der Misere

Wertvolle Tipps für Ihre Durchhaltestrategien

FSC
www.fsc.org
MIX
Papier aus verantwortungsvollen Quellen
Paper from responsible sources
FSC® C105338

Bibliografische Informatio… …tschen Nationalbibliothek
Die Deutsche Nationalbib… …zeichnet diese Publikation
in der Deutschen Nationalbibliogr… …ierte bibliografische Daten sind im
Internet über htt… …nb.de abrufbar.

ISBN: 978-3-86689-008-4

Inhaltsverzeichnis

Vorwort

Liebe Leser,

ich schreibe dieses Buch in der „Du-Form“ damit deine Seele sich sofort angesprochen fühlt. Vielleicht fragst du dich, wieso das wichtig ist, aus einem einfachen Grund. In der „Sie-Form“ fühlt man sich nicht direkt betroffen, jedoch bei der Anrede in der „Du-Form“ geht es um dich persönlich, um deinen Erfolg und deine Zukunft. Du hast alles in dir, bist ein Meisterwerk und lebst oft genau das Gegenteil davon, das ist traurig. Es hindert dich, zum Erfolg zu gelangen. Erfolg ist kein Geschenk des Himmels, sondern will erarbeitet werden. Tag für Tag dran bleiben und aus jedem Tag ein Meisterwerk zu machen, ist das Thema.

Ich schreibe das Buch von Herzen, weil ich es selbst erlebt habe, was passiert, wenn man zu früh aufgibt, das ist schade und unnötig. Dann habe ich in 35 Jahren der Schulungen, Trainings und persönlicher Betreuung, heute neudeutsch „Coaching“ genannt, Zehntausende von Menschen gesehen, die leider alle zu früh aufgegeben haben. Fatal, wenn zu früh aufgegeben wird, anstatt noch ein wenig durchzuhalten. Dieses Buch soll dir helfen, dass du nie in die Falle hineinläufst und niemals in die Versuchung kommst, überhaupt aufzugeben, das ist eine schlechte Tugend. Leider ist es zu einem Volkssport geworden, bei der kleinsten Schwierigkeit aufzugeben. Dadurch werden gute Dinge bereits im Keime erstickt.

Spannende Seiten mit wertvollen Informationen, warten auf dich. Den wahren Wert zeigen sie jedoch erst, bei der regelmäßigen und konsequenten Umsetzung. So bitte ich dich, die gesamten Aufgaben sofort zu erledigen und dran zu bleiben. Ein wenig lesen und in der Hoffnung leben, dass sich die Dinge von alleine richten werden, bringt dich nicht voran. Du benötigst weitere Dinge und das Buch dient dir Schritt für Schritt dazu. Es führt dich in eine andere Dimension, damit du den nötigen Biss hast, alles entsprechend und vor allem konsequent umzusetzen.

Ich freue mich, dass du dieses Werk gekauft hast. Ich hoffe, es führt dich zu einem riesigen Meisterwerk in deinem Leben, du bist es dir schuldig, mögen alle anderen um dich herum das Gegenteil erzählen. Bleibe auf deinem Weg und gehe ihn unbeirrt. Wenn die ersten Schwierigkeiten auftauchen und du dadurch sicher sein kannst, dann engagiere dich erst recht. Sei bereit, überdurchschnittliche Leistung zu erbringen, wie das Erfolgreiche tun.

Ich wünsche dir von Herzen die Kraft und Power, alles durchzuziehen und von Tag zu Tag mehr Lebensfreude zu verspüren.

Alles Liebe und Gute

Dein Ernst Crameri

Arbeite mit dem Buch

Ein Buch kann nur so gut sein wie der Leser, außer du stellst ziemlich bald fest, dass dich das Buch überhaupt nicht anspricht. Ich lese sehr viel, daher passiert es mir schon hin und wieder. Früher habe ich mich buchstäblich durchgequält und bin dadurch in die Spirale des Ärgerns hineingerutscht. Welch ein blödes und kindisches Verhalten, sich so zu benehmen. Mittlerweile bin ich soweit, wenn mir ein Buch nicht gefällt, verschenke ich es.

Habe Bleistift und Leuchtmarker zur Hand

Wenn du feststellst, dass das Buch dir Spaß und Freude bereitet, nehme es als dein Lebenswerk, für die jetzige Zeit an. Arbeite intensiv, von der ersten bis zur letzten Minute damit. Nicht nur lesen, sondern wirklich alle Fragen beantworten. Mache dir Notizen, wichtige Passagen markierst du, damit du sie gleich wieder findest. Vielleicht mag es für dich, wie für die meisten, ungewöhnlich sein, dass man so mit einem Buch umgeht. Aus der früheren Erziehung wissen wir, dass nichts an das Buch kommen darf. Das gehört ab sofort der Vergangenheit an, denn wir sind nicht mehr in der Schule oder womöglich noch im Kindergarten.

Teile eine Seite in zwei Hälften

Lese eine halbe Seite, dann halte kurz inne und überprüfe, was für dich der wichtigste Punkt war. Welcher es dir wert ist, ihn im oberen weißen Rand, als deinen Kernsatz aufzuschreiben, getreu dem Prinzip

„Wer schreibt, der bleibt!"

Genau das Gleiche machst du mit der zweiten Hälfte. Am Ende des Kapitels schreibst du dir die fünf wichtigsten Kernsätze aus allen Abschnitten auf. Damit hast du schon ein stattliches Werk erarbeitet. Das hilft dir, dass du dir die Dinge merken kannst. Am Ende des Buches schreibst du dir von allen Kapiteln herausgefiltert, die fünf dringlichsten Kernsätze auf. Als krönenden Abschluss, den allerwichtigsten Kernsatz.

Beschrifte kleine Kärtchen und trage sie bei dir

Jedes Mal, wenn du ein Kapitel komplett erarbeitest und die fünf Kernsätze gefunden hast, schreibe diese nicht nur in dein Buch, sondern auch auf fünf kleine Kärtchen. Diese trägst du in deiner Hosen- oder Handtasche. Immer wenn du in deine Hosen- oder Handtasche greifst, spürst du die Kärtchen. Dann nimmst du diese heraus und liest sie laut vor. Wenn du in Gesellschaft bist, sprich mit leiser Stimme. Durch die permanente Wiederholung, wird es zu einem Teil von dir.

Trainiere, trainiere, trainiere

Eine uralte Regel, um lang anhaltend zum Erfolg zu gelangen, ist nach wie vor Training und nochmals Training. Kein Meister fällt vom Himmel, da brauchst du dir nichts vorzumachen. Du hast es ausschließlich in deiner Hand, kannst deinem Leben eine neue Richtung geben. Niemand anderes hat die Chance dazu. Je öfter du trainierst, desto mehr wird es zu einem Teil von dir.

Habe Geduld mit dir

Hample nicht ungeduldig durch die Gegend. Ungeduld ist eine schwere Krankheit. Du hast so lange benötigt, bis du in dieser Situation warst, folglich dauert es auch Monate, bis du wieder herauskommst. Wer etwas anderes behauptet, ist ein Lügner. Langjährige Gewohnheiten kann man nicht auslöschen, es braucht seine Zeit, wie alles im Leben.

Wenn du nicht mit allem einverstanden bist

Ich werde in diesem Buch sehr offen und direkt mit dir reden. Denn du hast dieses Buch ja gekauft, damit sich etwas in deinem Leben ändert. Der Titel hat dich angesprochen und animiert, sich mit der Tatsache auseinanderzusetzen, das finde ich super. Ich habe das Buch geschrieben, dass es dir dient, so schnell wie möglich die Dinge derart zu ändern, dass du endlich dein eigenes Leben führen kannst, ohne Wenn und Aber. Es gibt keine selbst ernannten Handicaps, die dich immer und immer wieder in den unmöglichsten Situationen bombardieren und hindern, voranzukommen. Eines Tages wirst du alt sein und dann muss es klar lauten „Ich habe mein Leben voll und ganz gelebt!“

Wenn du Opposition in dir spürst

Dann lasse es bitte zu, gehe nicht gleich dagegen oder bezeichne es als Unsinn. Es sind Dinge, die du so noch nicht gesehen hast. Einstellungen, die schon viele Menschen zum Erfolg geführt haben und diese differieren zwangsläufig von all den anderen Menschen, die es nicht zum Erfolg gebracht haben. Erfolgreich sein, heißt in diesem Falle ganz klar, nie, nie, aber auch gar nie mehr aufzugeben. Du hast es selbst schon erlebt, dass du bis dato permanent die gleichen Resultate erzielt hast. Wie sollte es auch anders sein, wenn du diese nicht bewusst änderst.

Neue Wege sind seltsam und mühsam

Wenn das nicht so wäre, gäbe es nur erfolgreiche Menschen auf dieser Erde, die unendlich viel bewegen würden. Die meisten stehen sich jedoch lieber im Wege. Folglich habe den Mut, die Dinge anzugehen. Bleibe cool, möchte ich dir vorab mit auf den Weg geben. Solltest du jedoch merken, dass dich das Buch anwidert, ich erwähne das nochmals bewusst, verschenke es. Belaste dich nie und nimmer mit solchen Dingen. Wenn nicht, gib dir die Chance, dabei zu bleiben und alles in Angriff zu nehmen, damit du das Leben führen kannst, welches du schon immer führen wolltest. Sei dir jedoch stets bewusst, dass dies kein Geschenk des Himmels ist. Das musst du dir Tag für Tag erarbeiten, auch wenn du des Öfteren am liebsten alles wegwerfen möchtest.

Besänftige deinen inneren Schweinehund

Der wird natürlich Kapriolen schlagen, denn er hasst Veränderungen, vor allem solche gravierenden, die sich über viele Jahre oder sogar Jahrzehnte, im Innersten manifestiert haben. Lass ihm keinen Raum, sich weiterhin auszuleben, denn das hat er lange genug tun dürfen. Er wird auch der Erste sein, der das als absoluten Unsinn abtut. Wenn du womöglich noch die eine oder andere Geschichte studiert haben solltest, kommt das erschwerend hinzu. Du hast letztlich zwei Möglichkeiten, entweder du lässt alles beim Alten oder du gehst diesen neuen Weg. Was hast du zu verlieren? Viel, denn du weißt, was passiert, kannst es vielleicht erahnen, wie viel größer und gigantischer die andere Seite ist. Gib dir die Chance und lasse dich nicht durch ein emotionales Gehabe aus der Bahn werfen.

Die Gewohnheiten des Menschen sind fest verankert

Ich gehe davon aus, du möchtest in deinem Leben einiges verändern, das ist der erste wichtige Schritt. Im Kapitel Erfolgsformel werden wir das Ganze konkretisieren. Ich finde es großartig, dass du überhaupt bereit bist, etwas zu ändern.

Gewohnheiten sind des Menschen liebste Kinder

Nichts hat eine größere Kraft, als die sogenannten, lieb gewonnen Gewohnheiten. Man kennt sich aus, es ist zu einem Teil von einem geworden und man lebt damit. Oft spürt man, dass es nicht optimal ist, dennoch bleibt man dabei, denn der Mensch fürchtet nichts mehr, als die Veränderung. Diese bedeutet stets ein unbekanntes Terrain. Man kennt sich nicht aus und fürchtet sich. Also lässt man alles lieber so, ob es gut ist oder nicht.

Manche Gewohnheiten sind positiver Natur

Aufbauend und inspirierend, diese hat man sich über Jahre hinweg erarbeitet und zu eigen gemacht. Erfolgreiche überprüfen diese regelmäßig auf Bestand. Manche Dinge wiederholen sich im Laufe der Zeit, werden überflüssig oder sogar behindernd. Dies gilt es herauszufinden und schleunigst zu ändern. Denn wenn Gewohnheiten anfangen, einem zu schädigen, wäre man ein Narr, diese beizubehalten. Da es sich bei dem Buch um ein Arbeitsbuch handelt, wollen wir gleich damit starten. Schreibe deine positiven Gewohnheiten auf.

1.) ____

2.) ____

3.) ____

4.) ____

5.) ____

6.) ____

7.) ____

8.) ____

9.) ____

10.) ____

Wenn du diese anschaust, was empfindest du? Wenn ich die Menschen bei den Lehrgängen oder auf den Coachings nach ihren Gefühlen frage, wird gerne ausgewichen. Sich intensiv um seine Gefühle zu kümmern, scheint für viele so weit weg zu sein, wie der Mond zur Erde. Das ist schade, denn wenn ihr Gefühl stimmt, sind sie glücklicher und zufriedener, genau um das geht es. Dies ist die größte und zugleich stärkste Herausforderung.

Dein Fazit: ______________________________________

Manche Gewohnheiten sind negativer Natur

Nehmen wir als kleines Beispiel das Rauchen. Ist das eine gute oder schlechte Angewohnheit? Die Antwort können wir uns ersparen. Wie verhält es sich mit deinen negativen Gewohnheiten? Sind diese aufbauend oder zerstörend? Tun sie dir gut oder hindern sie dich eher an deinem Fort- und Weiterkommen? Schreibe jetzt deine negativen Angewohnheiten auf.

1.) ______________________________

2.) ______________________________

3.) ______________________________

4.) ______________________________

5.) ______________________________

6.) ______________________________

7.) ______________________________

8.) ______________________________

9.) ______________________________

10.) ______________________________

Was hast du für ein Gefühl? Welche deiner Gewohnheiten sind ungünstig oder werden dir sogar gefährlich? Es gibt schlechte Eigenschaften, die können nicht viel bewirken und andere werden zur großen Belastung. Welches sind deine drei schlimmsten Gewohnheiten? Bitte notiere diese.

1.) ______________________________

2.) ______________________________

3.) ______________________________

Vielleicht fragst du dich, wieso nur drei, weil wir uns nie und nimmer, um zehn auf einmal kümmern können. In diesem Fall haben wir keine Chance, etwas zu bewegen. Das ist das große Problem der meisten Menschen. Lange, lange geschieht überhaupt nichts und dann versucht man in kurzer Zeit, am liebsten sofort, alles auf einmal zu bewegen, was jahrelang im Argen lag, das funktioniert nicht. Der Frust ist so groß, dass man lieber wieder den Kopf in den Sand steckt und alles beim Alten lässt.

Dein Fazit: ____

Bist du bereit, anzugreifen

„Kommt darauf an!“ Na bravo, die Frage ist auf was? Danach folgt meistens eine Reihe an Ausreden und sonstigen Geschichten. Schlimm? Nein, nur tragisch, denn es geht um dein Leben und das sollte dir das Kostbarste auf dieser Erde sein, du hast es nur einmal. Ich bin jedoch fest davon überzeugt, dass du bereit bist, die Dinge in Angriff zu nehmen, sonst hättest du nicht das Buch gekauft. Also bleibe dabei und denke daran, aufgeben gibt es nicht.

Wieso hast du dieses Buch gekauft

Das sind grundlegende Fragen, die du dir bei allem stellen solltest. Nicht funktionieren, wie das die meisten tun. Viele sind sich häufig nicht bewusst, wieso sie gerade etwas tun. Das ist töricht, denn darin liegt keine Chance, die Dinge zu ändern. Gewöhne dir an, alles genau zu hinterfragen und überprüfe den Sinn deiner Aktivität. Was Sinn ergibt, solltest du tun und dies in aller Konsequenz.

Was hat dich bei dem Buch angesprochen

Irgendetwas hat dich bewegt und motiviert, das Buch zu kaufen. Was genau war es? Notiere bitte deine Motivationspunkte.

1.) ____________________

2.) ____________________

3.) ____________________

4.) ____________________

5.) ____________________

Permanent in die Schriftlichkeit zu gehen, was man schwarz auf weiß hat, kann man stets nachvollziehen, analysieren und wiederholen. Vielleicht hast du zwischendurch keine Lust oder es widert dich an. Das Gefühl kennst du bestimmt, das ist schlecht und belastend. Da startest du voller Enthusiasmus, um kurze Zeit später die Sache abzubrechen. So wirst du nie große Dinge in deinem Leben bewegen.

Dein Fazit: ____________________

Was machst du mit dieser Inspiration

Was wird passieren? Ich vergleiche das mit einem Landwirt, der von einer großen Ernte träumt, jedoch nicht sicher ist, ob er zum Säen hinausfahren soll. So kommen mir viele Menschen vor. Das ist tragisch, denn ohne Aussaat, gibt es keine Ernte. Da nützen die frommsten Wünsche und Gedanken nichts. Schade, wenn man dermaßen durchs Leben wandelt. Zu welchen Menschen gehörst du? Zu denen, die lieber zu Hause bleiben und von der großen Ernte träumen, oder bist du ein Macher? Nach dem Motto

„Ein Gedanke = eine Tat!“

Ich hoffe es für dich, denn du hast es mit dieser Einstellung leichter, gehst geschmeidiger durchs Leben. Keiner kann dich behindern oder zurückhalten.

Wie viel Zeit verstreicht von dem Wunschgedanken, bis zur Tat

Sind es einige Stunden, Tage, Wochen, Monate oder vielleicht sogar Jahre? Bei den meisten dauert es ein Leben lang. Schlimm, nein nur traurig, weil der dadurch verursachte Schaden, um ein Vielfaches das Positive übersteigt, welches du erreicht hättest, wenn du sofort handelst. Möchtest du diesen Preis bezahlen, ich glaube nicht. Nun ist es an der Zeit, dass du dein Leben endlich in deine Hände nimmst.

Wie oft hast du in deinem Leben aufgeben

Wenn ich die Leute spontan und direkt frage, kommt meistens ein verhaltenes „weiß ich nicht“ oder ein „des Öfteren.“ Das ist zu häufig und nicht gut. Wenn man sich darüber keine vernünftigen Gedanken macht und die Punkte nicht festhält, wird es auch nichts. Schlimm? Nein, aber tragisch und traurig, da es total anders laufen könnte.

Was hast du alles aufgegeben

Es können verschiedene Dinge sein, sei es Partnerschaften, Reisen, Berufe und Weiteres. Manches sind kleine Bagatellen, andere haben eine tiefe und schlimme Wirkung auf das gesamte Leben. Einiges verkraftet man leicht und locker, anderes beschäftigt einem für alle Zeiten.

Vorsicht vor der Altersfalle

In die Altersfalle laufen die meisten Menschen und sind ganz erstaunt. Dies wird mit folgender Aussage kundgetan „Das soll alles gewesen sein? Ich habe es mir anders vorgestellt?“ Ist das nicht brutal, wenn du im Alter so etwas sagen musst? Ich finde es schlimm oder sogar grausam, denn im Alter kannst du nicht mehr so viel ändern, wie in jungen Jahren. Aus diesem Grund passe gut auf dich auf. Du bist für dich verantwortlich, kannst es keinem anderen übertragen.

Die anderen sind schuld

Schuldige, für sein eigenes Elend zu finden, ist nicht schwer. An erster Stelle sind es natürlich die Eltern, die müssen primär herhalten, obwohl dieses Argument spätestens mit Eintritt der Volljährigkeit keine Gültigkeit mehr hat. Später sind es die Lehrer und der Partner. Übernehme Verantwortung für dich und dein Leben, da hast du genug zu tun. Packe es endlich an und lasse dich von niemandem, in deinen Aufgaben beirren.

Wie tragisch sind die Punkte, die du aufgegeben hast

Manches ist zum guten Glück völlig unerheblich, andere Dinge sind gravierender. Was hätte alles sein können, wenn? Natürlich können wir jetzt hingehen und sagen „Man schaut nicht nach hinten, was vorbei ist, ist vergangen und damit hat es sich, das ist per se richtig. Wir schauen dennoch kurz in die Vergangenheit von dir, denn daraus kannst du sehen, was hätte geschehen können. Schreibe alle Punkte auf.

1.) ______________________________

2.) ______________________________

3.) ______________________________

4.) ______________________________

5.) ______________________________

6.) ______________________________

7.) ______________________________

8.) ______________________________

9.) ______________________________

10.) ______________________________

Was empfindest du? Als ich dies das erste Mal vor etlichen Jahren gemacht habe, ging es mir nicht gut, ich war traurig und wütend auf mich.

„Hätte ich doch..........“

musste ich sogar in jungen Jahren sagen. Das ist ein widerliches Gefühl, weil du manche Dinge nicht rückgängig machen kannst. Du hast später oft keine Chance dazu. Was vorbei ist, ist vorbei und kommt nie wieder.

Dein Fazit: ____

Was wäre heute, wenn

Diese Frage ist an dieser Stelle des Buches nicht müßig, sondern lebensnotwendig. Wir Menschen sind manchmal eigenartige Wesen, haben am liebsten Spaß und Freude. Lernen tun wir eher ungern und wenn, oft nur über Schmerz. Das ist eine schlechte Ausgangsbasis und diese solltest du, ist sie ein Teil von dir, so schnell wie möglich ablegen. Am besten gleich, denn sie ist es, die dir immer wieder eine Falle stellt und du voll hineinläufst. Schreibe zu den einzelnen Punkten auf, was wäre wenn.

1.) ____

2.) ____

3.) ____

4.) ____

5.) ____

6.) ____

7.) ____

8.) ____

9.) ____

10.) ____

Ich hoffe, dass es dir richtig wehtut. Ich wünsche dir das sogar von ganzem Herzen. Vielleicht findest du das gemein und frech von mir, weil man keinem Menschen etwas Schlechtes wünscht. Ich wünsche dir auch nichts Schlechtes, denn das hast du bereits fabriziert. Ich wünsche nur, dass es dir wehtut. Je größer der Schmerz, desto besser.

Dein Fazit: ____________________________________

Lerne jetzt für heute, morgen und dein gesamtes Leben

Diese Übung haben wir hundertprozentig nicht gemacht, um die nächsten Wochen, Monate oder vielleicht sogar Jahre, in eine tiefe Depression zu verfallen. Bestimmt nicht, denn wir gehören nicht zu den Leuten, die die Gegenwart aufgrund ihrer Vergangenheit kaputtmachen. Nie und nimmer, wir lernen aber daraus, damit solche Dinge nie wieder geschehen. Jedes Mal, wenn du ein Gefühl des Aufgebens in dir verspürst, sollte dich genau in dem Moment dieser vorhin gefühlte Schmerz einholen und dazu inspirieren, nie wieder in diese Falle zu laufen.

Wo geht deine Reise hin

Eine berechtigte Frage, der sich die wenigsten stellen. Das ist ungesund, um nicht zu sagen, eine Katastrophe. Das Leben haben wir nur ein einziges Mal, also sollten wir pfleglich damit umgehen und eine super Meisterleistung daraus machen, dass wir am Lebensende sagen können „Ich habe traumhaft gelebt. Wunderbar, was ich daraus gemacht habe."

Es gibt unzählige Möglichkeiten

Das ist doch genial, wenn wir die Wahl haben. Leider haben das die meisten noch nicht bemerkt. Da heißt es dann „Die anderen haben es halt gut!" Welch ein seltsames Wehklagen. Wir alle können es gut haben, wenn wir endlich unsere Register ziehen würden. Aber wir müssen es auch tun, sonst tut sich weniger als nichts. Wir sprechen hier bewusst vom Garten Eden, ein Traum, der dermaßen mannigfaltig ist. Die Frage ist nur, aus welchem Blickwinkel sehen dies die Menschen, aus der Huhn- oder Adlerperspektive? Näheres in einem der nachfolgenden Kapitel oder in meinem Buch „Bist du ein Huhn oder ein Adler!"

Dir steht alles offen

Präge dir diesen Satz bitte fest ein, dir steht wahrhaftig alles offen. Du musst dich aber dazu bereit erklären, den Weg zu gehen. Habe den Mut dazu, beschreite neue Wege. Verlasse unbedingt die alten Trampelpfade. Sei bereit, zu neuen Ufern zu schwimmen. Ein traumhaftes Leben wartet auf dich, ohne Einschränkungen oder sonstigen Stressmomenten, nur du mit dir auf weiter Flur.

Wie lange willst du noch warten

Wenn die Leute anfangen herumzueiern, frage ich Sie immer, wie lange willst du noch warten? „Ja.............!" und dann folgt eine ganze Litanei. Für mich sind das Geschichten, die mir erzählt werden. Richtig ausgeholt, um es möglichst plausibel darzustellen, warum es leider nicht passt, dass man aber daran arbeiten wird. Der Moment kommen wird, an dem man endlich anfängt. Kennen Sie solches Gerede? Viel mehr ist es in der Tat nicht. Es gibt hierfür den schönen Ausdruck „Dampfplauderer!" Das sind die Schlimmsten, was diese alles bewegen wollten und noch bewegen werden, ist der pure Wahnsinn. Zu welchen zählst du dich? Habe ich dich damit womöglich erschreckt? Möchtest du im Moment gerade ausholen und mir erzählen, dass bei dir alles anders ist? Bitte schenke es dir, ich glaube es nicht, denn wenn du wirklich wolltest, hättest du schon angefangen. Also, was für ein Typ bist du und wieso? Bitte gleich festhalten.

1.) ____

2.) ____

3.) ____

4.) ____

5.) ____

Ich habe bewusst fünf Typen genommen, das müsste reichen. Hast du es aufgeschrieben, oder möchtest du lieber ein wenig damit warten? Hast du dich vielleicht über meine freche Schreibweise geärgert? Man so etwas nicht tut, du es nicht nötig hast? Weißt du was, alles Kasperletheater. Vergiss es, wir sind hier in der Erwachsenenbildung und eine Stufe höher, in der Erfolgsschule und dann noch eine Stufe höher, in der Siegerschule. Merkst du was? Wir haben wahrhaftig keine Zeit, für solch ein sentimentales Geplänkel. Es geht um Fakten, um dich und deinen Erfolg, bestimmt nicht um deine Be- und Empfindlichkeiten. Diese solltest du ablegen. Am besten heute noch, dadurch fühlst du dich um ein Vielfaches freier.

Dein Fazit: ____

Egal wo es hingeht, es muss für dich passen

Genau das ist der springende Punkt. Es muss ausschließlich für dich passen und nicht für andere, dies hat dich nicht zu interessieren. Du bist das Wichtigste in deinem Leben, du alleine, auch wenn man versucht hat, dir ein Leben lang das Gegenteil zu beweisen. Es gab einmal eine Zeit in deinem Leben, da hast du genau dies meisterlich beherrscht. Das war in deiner frühesten Kindheit. Es gab für dich nur folgenden Ausdruck „Ich, ich, ich" und sonst nichts. Bis die sich so oberklug fühlenden Erwachsenen, angefangen haben, dir beibringen zu wollen, dass eben nicht du, sondern die anderen das Maß der Dinge sind. Es eine riesige Untugend wäre, „egoistisch" zu sein. Denke ab sofort in erster Linie an dich und nicht an die anderen. Wenn es dir gut geht, geht es den anderen zwangsläufig auch gut. Was nützt es, wenn du dich schlecht fühlst? Wie schaut dadurch das Endresultat für deine Nächsten aus, sicherlich nicht gut.

Wir werden intensiv daran arbeiten

Deinen brennenden Wunsch oder deine brennenden Wünsche herauszufiltern, ist eine immense Aufgabe und verleiht dir Kraft und Antrieb. Endlich die Dinge, die du schon lange tun wolltest und welche für deinen Erfolg wichtig sind, in Angriff zu nehmen. Leider sind sich die wenigsten darüber bewusst, was es genau ist. Das ist völlig normal, denn unser Schulsystem ist leider nicht darauf ausgelegt. Wenn du nicht bereits als junger Mensch deine Inspiration hast, was du werden möchtest, wird es schwierig werden. Ich erlebe das oft bei der Arbeit mit Jugendlichen. Viele gehen leider mit Nullplanung durchs Leben und hoffen, dass es werden wird. Genau das wird es dann auch, aber mehr nicht. Ich finde es schade, wenn man sein Leben verschleudert. Notiere deine brennenden Wünsche. Bitte nicht zu lange überlegen, dadurch bist du blockiert. Schreibe auf, was dir in den Sinn kommt.

1.) ____________________

2.) ____________________

3.) ____________________

4.) ____________________

5.) ____________________

6.) ____________________

7.) ____________________

8.) ____________________

9.) ____________________

10.) ____________________

Wenn die Leute damit das erste Mal konfrontiert werden, tun sie sich schwer, es ist ungewohnt. Letztlich hat es uns niemand beigebracht, obwohl wir auch hier eine Zeit hatten, wo es für uns überhaupt kein Problem darstellte, heute das, morgen dies und übermorgen jenes zu werden. Hier haben uns erst die klugen Erwachsenen, wieder auf den Boden der Tatsachen geholt.

Welches sind deine drei wichtigsten Punkte

Ich hoffe, du hast genug aufgeschrieben. Ich bin erstaunt, wie viele sich im sogenannten minimalistischen Bereich bewegen. Erstaunt sind, dass andere, die sich im Maximalismus bewegen, Erfolg haben. Das ist aber logisch, wer wenig sät, wird wenig ernten können und umgekehrt. Du hast es wie immer in deiner Hand, mache eine große Meisterleistung daraus. Schreibe nachfolgend deine drei wichtigsten Wünsche auf.

1.) ____

2.) ____

3.) ____

Hast du Herzklopfen und feuchte Hände? Da liegst du gut, lässt es dich kalt, vergiss es. Das ist wirklich so, denn eine Vision muss dich beseelen und tragen. Alles andere ist die alte Schwachstrom-Geschichte. Was ist für dich spannend dabei, bitte halte es fest.

1.) ____

2.) ____

3.) ____

Jetzt, wo du tiefer eingetaucht bist, wie ist es für dich? Ich bin erstaunt, wie oberflächlich viele vorgehen. Da wird selten in die Tiefe gegangen, dabei ist genau das der Punkt. Dank dem Aufschreiben, haben wir es schwarz auf weiß. Ein genaues Analysieren bis ins kleinste Detail ist möglich, dadurch lernen wir uns und unsere Motive kennen. Wir können im Vorfeld überprüfen, ob es tatsächlich diese Inspiration bedeutet, mit Power und Durchhaltevermögen vorzugehen, oder ob es bereits in der Startphase zum Scheitern verurteilt ist.

Dein Fazit: ____

Du musst wieder frei werden

Das ist deine Aufgabe, völlig frei zu werden, für all die dringlichen Aufgaben, die auf dich warten. Frei zu werden, um endlich an dein wahres Inneres anzuknüpfen. Vielleicht denkt der eine oder andere, was das für ein pathetisches Gerede ist. Nun denn, bereits in der Bibel steht geschrieben

„Nach eurem Glauben geschehe euch!“

Ist das nicht wunderbar? Die Frage ist, an was glaubst du? Wir sprechen nicht von Gott, sondern von dir. An was glaubst du persönlich? An Fülle, Reichtum oder an Armut, Elend und Not? Bitte keine Opposition aufkommen lassen. Das ist kein Quatsch, was ich dich frage. Es ist bitterer Ernst, denn genau dein Glaube verursacht die Ergebnisse. Du musst dir bewusst darüber sein, dass Erfolg nichts mit Zufall zu tun hat.

Habe Mut

Dies ist eine enorm wichtige Botschaft für die Menschheit. Den Mutigen und Fleißigen gehört die Welt, auch wenn jetzt der eine oder andere der Meinung ist, dass bei ihm alles anders ist und nicht so leicht sei. Man sich einmal vorstellen würde, dass alle Menschen so wären, da muss ich stets schmunzeln. Die wunderbare Politik der Ablenkung. Man muss schon etwas extraordinär sein, um so etwas zu tun. Letztlich ist es aber egal, denn es ist das Leben von jedem Einzelnen, damit kann jeder machen, was er will.

Was bist du für ein Typ

Hast du dir schon einmal Gedanken gemacht? Bist du in die Tiefe gegangen? Wohl eher nicht, denn da wärst du in bester Gesellschaft, über 98% tun genau das nicht. Sie sehen alles als Schicksal, in welches sie eingebunden sind und in dem sie mitplätschern. Die meisten befinden sich im Bereich der Unzufriedenheit und des Unglücklichseins. Wie schön doch die Welt sein könnte, wenn......! Sie ist aber nicht so und damit findet man sich ab. Denn gegen das Schicksal kann man leider nichts tun. Es bleibt nur zu hoffen, dass man vielleicht eines Tages Glück haben könnte. Das wäre genial, ansonsten nimmt das Leben seinen Lauf. Eines Tages ist man alt und das war es definitiv.

Bist du mutig oder nicht

„Kommt darauf an!“ Ich weiß, es kommt immer darauf an und das ein Leben lang. Witzig oder? Sollte es tatsächlich einmal nicht darauf ankommen, werden wir dafür sorgen, dass es wieder darauf ankommt. Verrückt, was wir hier anstellen. Wir wollen jetzt ans Eingemachte gehen. Bist du mutig oder nicht?

Die Beantwortung dieser Frage ist leicht, es gibt nur ein „Ja“ oder ein „Nein“ dazwischen nichts. Genau das ist einer der Punkte, bei dem sich die meisten schwer tun. Die Fraktion der „Sowohl, als auch.“ Wir nennen diese Leute, die sogenannten Halbschwangeren. Mal bist du schwanger, dann nicht. Glaubst du das funktioniert? Hundertprozentig nicht, ein Ding der Unmöglichkeit. Entweder „Ja“ oder „Nein.“ Darüber Näheres im Kapitel „Gehst du halbschwanger durchs Leben?“

Du hast eine Entscheidung getroffen

Du hast dich entschieden, entweder mutig zu sein oder nicht. Was wärst du am liebsten? Auf diese Frage antworten mir fast alle, denn es sind in der Regel über 98%, die nicht mutig sind „Ja, ich wäre gerne mutiger!“ Ist das nicht klasse? Ich wäre gerne und wieso bist du es nicht? Dann fangen viele an, Geschichten zu erzählen, wieso sie es nicht sind, anstatt sich damit zu beschäftigen, dass sie da endlich hinkommen. Unglaublich, wie der Mensch sich verhält. Das Negative hat eine viel größere Anziehungskraft. Darin fühlen wir uns wohl und sind sogar bereit, mit allen Mitteln zu kämpfen, wenn jemand auf die absurde Idee kommt, uns das wegnehmen zu wollen.

Was hindert dich daran, mutig zu sein

Ich schaffe dir nun eine kleine Plattform, auf der du dich kurz auf zehn Zeilen richtig ausleben kannst. Dort kannst du dich schwarz auf weiß breitmachen und nicht nur in der Dunkelheit, deines Unterbewusstseins. In genau diesem Augenblick holen wir es hervor und es wird zu Papier gebracht.

1.) ______________________________

2.) ______________________________

3.) ______________________________

4.) ____

5.) ____

6.) ____

7.) ____

8.) ____

9.) ____

10.) ____

Hast du alle zehn Punkte ausgefüllt? Wenn nein, tue es sofort, wir wollen doch etwas bewegen? Oder hast du den Gedanken, dass du nie mehr aufgeben möchtest, gestrichen? Ich hoffe nicht, also fülle alle zehn Punkte aus. Nun denn, wie fühlt es sich für dich an, wo du es das erste Mal schwarz auf weiß siehst? Kannst du alle Punkte ernst nehmen?

Dein Fazit: ______________________________________

Was ist davon Kinderkram

Bist du womöglich erneut geschockt? Vielleicht hast du gemerkt, dass ich eine direkte Sprache spreche. Das ist wichtig, denn eines gilt es auf alle Fälle zu vermeiden, die Ausreden. Kennst du noch das Prinzip „Sowohl, als auch? Es wäre halt schon schön" und weiteres Gerede. Wir wollen nicht schwätzen, sondern klare und konkrete Ergebnisse erzielen. Die bringen uns in unserem Leben weiter, alles andere ist eine Zeitverschwendung. Was sind für dich die drei wichtigsten Gründe?

1.) ____

2.) ____

3.) ____

Vielleicht fragst du dich, wieso wir das Ganze stets reduzieren? Aus einem einfachen Grund, wir können uns nicht um zehn Punkte gleichzeitig kümmern, da würde gar nichts passieren. Es gibt immer extreme Punkte und die gilt es, zu beachten. Wenn man da in die Lösung geht, lösen sich auch all die anderen Punkte. Ich vergleiche das gerne mit Dominosteinen. Den richtigen zu Fall gebracht, läuft es über die Kettenreaktion von selbst. Ein Traum, wenn man dieses Prinzip verstanden hat.

Wieso sind das die drei schlimmsten Gründe

Wer Erfolg haben möchte, hat eine riesige Aufgabe zu bewältigen. Er muss sich in- und auswendig kennen. Ich wiederhole, Erfolg hat nichts mit Glück zu tun, vergiss es. Es gibt Leute, die genau das missionieren. Siehe die zurzeit beliebte TV-Sendung „Wer wird Millionär" mit Günter Jauch. Auf dem Stuhl sitzen, ein paar Fragen beantworten und du hast es gepackt. Das ist die Menschen, in die Irre geführt.

Diese glauben es gerne, dass überall wo einige Leute zusammenkommen, das Fragespiel gespielt wird. Dabei träumen sie, auch schnell dahin zu gelangen. Es wird völlig außer Acht gelassen, dass 98% genau solcher Millionäre, in der Regel von einer Sekunde zur anderen, ihr Geld wieder verlieren. Nach kurzer Zeit sind sie oft ärmer als vorher, denn der Umgang mit Geld ist eine recht komplexe Geschichte. Ein Gewinn macht nicht wirklich reich. Halte deine schlimmsten Gründe fest.

1.) ____

2.) ____

3.) ____

Wenn du dir diese Gründe anschaust, was denkst du? Glaubst du, sind diese begründet oder eher unbedeutend? Das kannst du nur für dich beantworten, sei ehrlich dabei. Sind es sehr ernsthafte, sogar pathologische Gründe oder nur eine Idee?

Dein Fazit: ____________________________________

Welcher ist dein schlimmster Hinderungsgrund

Sollte es keiner mehr sein, was ich in fast 80% der Fälle auf den Schulungen und Coachings erlebe, wunderbar, dann kannst du unverzüglich weiterlesen. Wenn nicht, warst du höchstwahrscheinlich nicht ganz ehrlich, oder das Problem liegt tiefer. Wie siehst du das? Bitte sachlich und nüchtern antworten. Wir unterhalten uns nett und ohne Emotionen. Diese machen den Fokus unnötig eng und führen oft zu Adrenalin-Ausschüttungen. Wir benötigen wahrhaftig keinen Schub, an sogenannten Fluchthormonen. Genau das wollen wir abstellen, dein ewiges Aufgeben beruht darauf. Schreibe deinen schlimmsten Grund auf.

____

Wieso ist das so?

____

Bekommst du das alleine gelöst und wenn ja, bis wann?

____

Dein Fazit: ____________________________________

Wer arm an Mut ist, landet in der Armut

Wie hört sich das für dich an? Womöglich ein wenig komisch oder? Als ich angefangen habe, mich intensiv um den Erfolgsrhythmus zu kümmern, war ich oft überrascht, vor allem bei dieser Aussage. Vielleicht verspürst du im Moment in deinem Inneren, eine Reihe von Kontraindikationen, wie sie in der Medizin üblich sind. Diese Kontraindikationen zeigen einem, was man dagegenhalten könnte, sollte und womöglich sogar muss. Das ist Unsinn, du sollst nichts dagegenhalten. Nimm es an, dann kannst du es immer noch als Unfug abtun. Gib dir jedoch zumindest eine Chance.

Deutsch ist eine traumhafte Sprache

Ich liebe die deutsche Sprache, obwohl sie für mich eine Fremdsprache ist. Meine Muttersprache ist Rätoromanisch. Es handelt sich hierbei um die vierte Landessprache der Schweiz. Lesen wir es gemeinsam, was das Wort „Armut" bedeutet.

„Arm – an - Mut"

Ist das nicht wundervoll und es ist in der Tat so, wer arm an Mut ist, beschreitet keinen neuen Weg. Er bleibt auf den alten, ausgetretenen Pfaden und hofft, dass sich eines Tages etwas ändert. Das war es aber auch und das ist zu wenig. Du musst den Mut aufbringen und bereit sein, den bisherigen Ergebnissen, den Rücken zuzuwenden, dich auf das Neue und Wesentlichere hundertprozentig zu konzentrieren.

Ich würde schon gerne

Vielleicht hast du in diesem Augenblick, genau jene Worte in dir hochsteigen hören. Wie oft haben wir das schon erwähnt. Ich finde es fatal und zugleich traurig. Lass es uns gemeinsam lesen.

„Ich würde schon gerne!“

Aber...! Ich finde es grausam, wie Menschen mit sich umgehen. Sie würden gerne, tun aber nichts, das ist doch verrückt. So können wirklich nur Menschen sein. Gerne etwas wollen und es dann lieber nicht tun. Gut, manches erzählt man als Alibigeschichte, oft steckt auch die Ohnmacht dahinter. Näheres darüber in der Rubrik Glaubenssätze.

„Ja, aber.......“

Wenn du wirklich willst, kann dich keiner aufhalten. Dann gehst du hoch erhobenen Hauptes deines Weges. Schaust weder nach rechts noch nach links und tust endlich all die Dinge, die zu tun sind, damit du dahin gelangst, wo du schon immer hin wolltest. Glaube mir, es liegt an dir alleine. Du kannst bestimmen, ob du ein glückliches und erfolgreiches Leben führen wirst.

Alibi- und Opfergeschichten

Eines kann ich dir sagen, das Thema ist spannend, faszinierend und zugleich so bescheuert, dass ich darüber ein Buch geschrieben habe. Was sich die Menschen, genau mit diesen ewigen Alibigeschichten antun, ist nicht normal und wahrhaftig schon im pathologischen Bereich. Die Krönung des Ganzen sind natürlich die Opfergeschichten. Wenn die Menschen freiwillig zum Opfer mutieren, in der Erwartungshaltung des Mitleides verharren und beleidigt sind, wenn sie dieses Bedauern nicht erhalten. Solche Dinge bringen nur die Menschen fertig. Oder kennst du ein anderes Lebewesen auf dieser Erde, welches solch ein Kasperletheater vollführt? Ich kenne kein Einziges, sollten dir welche bekannt sein, teile sie mir bitte mit.

Wie lange willst du noch so leben

Auf diese Frage höre ich oftmals „Kommt darauf an!" Na bravo, wie immer im Leben. Bloß keine eigene Verantwortung übernehmen. Diese möglichst weit wegschieben, ist auch eine Art, durchs Leben zu gehen.

„Kommt darauf an!"

Passt immer, aber nie für Erfolgreiche. Diese kennen kein „Kommt darauf an." Also, zurück zu dir, ohne „Kommt darauf an." Wie lange noch? „Das weiß ich nicht!" Ach so, die nächste nette Geschichte. Du weißt das nicht? Wer weiß es dann? „Weiß ich doch nicht!" Du weißt es nicht, andere wissen es nicht, na wunderbar. Weißt du was? Wir handhaben es nach dem alten Prinzip von „Schauen wir mal!" Ist das nicht klasse? So dumm sind wir gar nicht. Wir schauen einmal, hoffen ein wenig, und wenn noch ein bisschen Glück hinzukommt, könnte es funktionieren. Was denkst du nun? „Unsinn" oder so ein „Schwachsinn!" Sehr gut, wenn du das auch so siehst, ändere es bitte für dich.

Man nimmt dich nicht für voll

Das ist mir egal, das glaube ich dir nicht, denn wenn es dir egal wäre, hättest du längst einiges geändert. Letztlich ist es kaum einem Menschen egal, was die anderen über ihn denken oder von ihm halten. Dazu sind fast alle viel zu egozentrisch, um über den Dingen zu stehen. Höre ernsthaft in dich hinein. Ist es dir wirklich egal? Ich glaube nicht, mache dir nichts vor. Du brauchst auch keine Angst zu haben, dass du dich offenbarst. Du solltest ehrlich und treu zu dir sein, das ist deine Aufgabe.

Ziehe keine Show ab

Ich finde es widerlich, was manche für ein amüsantes Kasperletheater vollführen. Wie gut, dass doch noch viele, bei diesen Spielen mitspielen. Halte fest, welche Show du abziehst.

1.) ____________________

2.) ____________________

3.) ____________________

4.) ____________________

5.) ____________________

6.) ____________________

7.) ____________________

8.) ____________________

9.) ____________________

10.) ____________________

Hast du sofort etwas gefunden, oder dich erstmals dagegen gesträubt, dass du nicht so bist? Weißt du, dass 98% der Menschen dies tun? Wieso nicht auch du? Wenn du nicht einen Hang dazu haben würdest, hättest du in deinem Leben schon Gigantisches bewegt. Das ist nicht frech oder um deine Frage zu beantworten, woher ich das weiß, ich kenne dich doch nicht. Da hast du natürlich recht, ich kenne dich persönlich nicht, kenne aber Zehntausende von Menschen, von Seminaren und Coachings.

Dein Fazit: ____

Welche Opfer- oder Alibigeschichte lebst du

Diese Frage ist ernst gemeint, jeder hat seine Lieblingsgeschichte. Welche spielst du am liebsten?

1.) ____

2.) ____

3.) ____

Ich habe bewusst drei Positionen genommen, suche dir die für dich Wichtigste heraus, tue es sofort. Nicht für mich, denn ich werde das nicht zu lesen bekommen. Außer du schreibst es mir, lässt dich von mir coachen oder kommst auf einen Lehrgang. Nun geht es weiter, wieso machst du das? Was ist dein Motiv, dich derart auszuleben?

1.) ____

2.) ____

3.) ____

Macht dich das glücklich? Ich kann es mir nicht vorstellen, vor allem jetzt nicht, wo du es schwarz auf weiß fixiert hast.

Dein Fazit: ____

Sei du selbst

Nimm dir diese Botschaft tief zu Herzen. Es ist deine allerwichtigste Aufgabe, dass du dir treu bleibst. Bitte keine Show abziehen, ich weiß, es ist schwer, mit solch alten Gewohnheiten, denen ist nicht leicht zu Leibe zu rücken, aber du schaffst es.

Einen Schuldigen suchen

Das ist eines der meist gespielten Spiele auf Erden. Ich bin erstaunt, wie fantasievoll der Einzelne vorgeht, welche Energie aufgewendet wird und welcher Elan dahinter steckt. Faszinierend, was da abgeht. Nichts ist den Spielern zu viel und alles wird ausgenutzt, um zum Ziel zu gelangen. Wenn man diese Energie und den Aufwand für Positives verwenden würde, was könnte alles daraus entstehen?

Verwende deine Energie für Sinnvolleres

Das ist eine weitere Botschaft, nicht seine kostbare Lebenszeit zu verplempern, sondern absolut gezielt vorzugehen, um die eigenen Visionen zu erfüllen. Solange man jedoch lieber die Energie aufwendet, einen Schuldigen zu suchen, wird es nichts. Es bleibt eine Farce und das Leben dreht sich dadurch im Kreise. Wie abartig doch teilweise das Ganze geworden ist. Die Frage ist nicht, was ich für mich aus bestimmten Situationen lerne, sondern wem ich die Schuld geben könnte. Die Hauptmotivation besteht darin, einen Schuldigen zu suchen.

Gib niemandem die Macht über dein Leben

Wenn du jemandem die Schuld gibst, gibst du ihm die Macht über dein Leben. Das kann es nicht sein oder? Möchtest du das wirklich? Ist das erstrebenswert, die eigene Selbstständigkeit deswegen aufzugeben? Ich kann es mir nicht vorstellen, dass dies dein Bestreben sein kann. Nicht unbedingt, oder? „Ich habe das nicht gewusst“ höre ich da häufig. Es nicht zu wissen, schützt nicht vor Strafe. Als Volljähriger ist es unsere Pflicht, sich um die Dinge zu kümmern und sie mit in unser Leben zu implementieren. Man sollte nichts dem Zufall überlassen, sondern höchst aktiv dafür Sorge tragen, dass es durch Unwissenheit nicht zu irgendwelchen unnötigen Komplikationen kommt.

Trage endlich Verantwortung

Bitte übernehme voll und ganz die Verantwortung für dein Leben. Du selbst kannst diese Entscheidung treffen und konsequent umsetzen. Alles andere ist Kindergartenkram und von diesem solltest du dich als Erwachsener, tunlichst verabschieden. Er tut dir nicht gut, im Gegenteil, er hält dich unnötig klein und letztlich sogar infantil. Wenn jeder endlich zu sich stehen würde, gäbe es weniger Streit auf dieser Erde. Die Welt würde aus Harmonie und Zufriedenheit bestehen, aber leider ist vor lauter Hauen und Stechen das Gegenteil der Fall.

Niemals wieder Streit

Das wäre wunderbar, wenn jeder bei sich bleiben würde. Das Spiel, einen Schuldigen zu suchen und womöglich darauf aufbauend Rachegedanken und -pläne zu schmieden, hält viele am Leben. Es gibt Tausende von Schuldigen, die beste Ablenkung, welche man sich überhaupt geben kann. Man kann permanent von sich ablenken und eines Tages werden wir dennoch vor dem Abrechnungstribunal stehen, wo immer es sein möge.

Wegen Nichtigkeiten kommt es zum Eklat

Das kennen Sie bestimmt, Sie haben sich auch schon an solchen Spielen beteiligt. Aus Nichts wurde eine große Geschichte gemacht und dann hat man sich gestritten. Man prügelt sich, geht vor Gericht oder löst sogar einen Krieg aus. Wunderbar und was ist das Endresultat der Geschichte? Es gibt nur Verlierer, daran denken die wenigsten. Waren Sie schon einmal bei Gericht und haben sich die Streitthemen angeschaut? Unglaublich, wozu die Menschen ihre Energie aufwenden. Was könnte man in dieser Zeit Positives tun?

Medien schüren das Prinzip

Die armen Medien müssten fast um ihre Existenz bangen, würde es nicht die wunderbaren Geschichten, der Schuldigen geben. Das wird weidlich ausgeschlachtet. Man labt sich darin, die Leser, Zuhörer oder -schauer beteiligen sich, soweit es möglich ist, aktiv an dem Geschehen. Es dient Tage danach als Gesprächsstoff, was hätte man sich sonst zu erzählen? Was wäre die Welt so arm, ohne das Spiel, andere an den Pranger zu stellen. Welche Freude in nahezu jedem hochkommt. Nun, meine Meinung, es muss jeder wissen, womit er seine Zeit verbringen möchte. Entweder für Positives und Sinnvolles, oder für die andere Variante. Alles ist möglich und machbar, die Entscheidung liegt bei jedem Einzelnen.

Du hast alles in dir

Das finde ich genial, wir haben alles in uns. Es braucht nur eine winzige Entscheidung, in welche Richtung das Ganze laufen soll, so simpel ist das Spiel. Glücklich oder unglücklich sein, hat dieselbe Ausgangsbasis. Über was regst du dich permanent auf? Wie viele Personen hast du in deinem Umfeld, die schuld sind, dass es dir nicht besser geht, notiere diese.

1.) ____________________

2.) ____________________

3.) ____________________

4.) ____________________

5.) ____________________

6.) ____________________

7.) ____________________

8.) ____________________

9.) ____

10.) ____

Wir wollen uns nicht im Negativen suhlen, sondern kurz Bilanz ziehen. Wir müssen wissen, wo wir stehen. Nichts Schlimmeres, als sich im Dunkeln zu bewegen. Wichtig ist, dass du nicht mit der berühmten

„Ja, Aber-Geschichte"

anfängst. Bei dir ist nicht alles anders, das bildest du dir ein. Wenn du jetzt meinst, das wäre frech von mir, hast du aus deiner Sicht völlig recht. Damit hast du bereits einen Schuldigen mehr in deiner Sammlung, auf den du Energie geben kannst. Glaubst du tatsächlich, ich würde mich deswegen in meiner Denk- und Handlungsweise ändern? Hundertprozentig nicht, wozu auch?

Dein Fazit: ______________________________________

Welches sind die drei schlimmsten Punkte

Du kennst es bereits, wir können uns nicht sofort um alle zehn Punkte kümmern. Ich hoffe, dass du ehrlich warst und alles aufgeschrieben hast. Denn etliche spielen mit Leidenschaft das Spiel des unschuldigen Engelchens, welches kein Wässerchen trüben kann. Wahrheit und Klarheit, vor allem sich gegenüber, das muss für dich ab heute, für den Rest deines Lebens das Wichtigste sein. Folglich mache dir nichts vor, konzentriere dich auf das Wesentliche in deinem Leben. Notiere deine drei schlimmsten Punkte.

1.) ____

2.) ____

3.) ____

Bist du energiegeladen oder eher traurig, nachdenklich, sogar ohne Energie? Oder hast du wieder eine der berühmten Adrenalin-Ausschüttungen erlebt und bist voller Hass und Zorn?

Dein Fazit: ____

Wieso sind das deine drei schlimmsten Punkte

Jetzt gehen wir ein Stück weiter, wir wollen es hundertprozentig wissen. Wenn ich so etwas im Gespräch mit den Menschen mache, bekomme ich oft zur Antwort „Ach, jetzt nicht. Ich mag nicht, habe keine Lust dazu!" Wie immer Flucht, das ist eines der probatesten Mittel, sich nicht der Situation stellen zu müssen. Schade, wenn man sich belügt, das tut auf Dauer nicht gut. Aus diesem Grund sollte man es tunlichst meiden. Wenn du die drei Punkte anschaust, wie hat sich das zugetragen, dass dies deine drei schlimmsten Schuldigen, aus deinem Leben sind? Was haben sie dir angetan, dass es soweit kommen musste? Was wäre in deinem Leben gewesen, wenn es nicht dazu gekommen wäre?

1.) ____

2.) ____

3.) ____

Was wir hier machen, ist natürlich im Schnelldurchgang. Beim Coaching oder auf den Schulungen würden wir weiter vordringen und genauestens analysieren. Denn alles hat eine Ursache und daraus resultierend, zwangsläufig eine Wirkung. Das lässt sich niemals verleugnen, ist eine feststehende Größe. Erkennst du den berühmten roten Faden?

Dein Fazit: ____

Zeige deine wahre Größe

Das kann ich dir ans Herz legen. Zeige deine wahre Größe und kümmere dich nicht um solche unwichtigen Geschichten, die tun dir nicht gut. Diese kosten zugleich deine wertvolle Lebenszeit und -energie. Mit beiden solltest du sparsam umgehen, denn du kannst sie weder kaufen, sparen noch in sonst einer Form vermehren. Was vorbei ist, ist vorbei und kommt nie wieder. Wenn ich an mein Leben denke, wie viel wertvolle Lebenszeit habe ich mir mit dem Spiel

„Wer könnte schuld sein"

kaputt gemacht. Zum guten Glück habe ich es danach verstanden.

Das Buch „Gib endlich niemandem die Schuld"

Über 98% der Menschen spielen täglich mit. Sie werden dabei nicht glücklicher, sondern das Gegenteil tritt ein. Da stimmt doch etwas nicht, ich erlebe das Elend Tag für Tag, im Umgang mit meinen Mitmenschen. Schlimm zu sehen, wie viele Leute darin verstrickt sind und kaum aus diesem Teufelskreis herauskommen. Das Thema inspirierte mich, darüber ein Buch zu schreiben. Damit diejenigen, die gerne etwas ändern möchten, eine wunderbare Plattform finden, um sich intensiv damit zu befassen.

Deine Vergangenheit

Dein momentanes Leben ist das Resultat aus deiner Vergangenheit. Dass was du gedacht und umgesetzt hast, hat aus dir das gemacht, was du bist. Ob gut oder schlecht, lassen wir im Moment außen vor. Es funktioniert nach dem Prinzip „Aussaat und Ernte“ und „Ursache und Wirkung!“ Wenn es dir sehr gut geht, hast du alles getan, was dazu erforderlich war, um dahin zu gelangen, auch wenn es dir schlecht geht. Exakt hier sind wir im Bereich des endlich Verantwortung übernehmen und keinen Schuldigen zu suchen. Du hast alles in deiner Hand und kannst es jeden Tag für dich ändern. Du musst es nur tun, das ist alles. Vor allem mache eines nicht, auf ein Wunder zu hoffen, dass sich alles von alleine auflöst.

Sie ist in der Tat vergangen

Im Wort Vergangenheit ist enthalten „Ver-gangen“ das heißt nichts anderes, dass es vergangen ist, aus und vorbei. Dieses Prinzip gilt es zu verstehen. Wenn man das nicht begreift, hat man ein Leben lang damit Probleme. Für mich erschreckend zu sehen, wie viele Menschen in dieser Vergangenheit leben und glauben, dass alles besser war. Das ist Unsinn, denn auch da gab es manche Schlacht zu schlagen. Diese Dinge werden aber gerne ausgeblendet und der Rest glorifiziert, das entspricht nicht der Realität. Lassen wir diese doch, wo sie ist und leben genau im

„Hier und Jetzt!“

Das ist der einzige Moment, in dem wir wirklich sind und leben.

Letzte Analyse

Wir wollen es genau wissen, geben uns nie wieder mit irgendwelchen Oberflächlichkeiten zufrieden. Dadurch haben wir falsche Ergebnisse und das ist fatal. Je besser du dich kennst, desto besser kannst du mit dir umgehen und verstehst, wie du funktionierst. Dies ist der springende Punkt, es gilt unbedingt Fehler zu vermeiden, denn das ursprüngliche Thema ist nach wie vor „Nie mehr Aufgeben!" Das gelingt, wenn du dich und dein Leben unter Kontrolle hast. Stelle dir vor, du fährst Auto und hast es nicht unter Kontrolle? Fatal oder, genauso ist es mit unserem Leben. Wir sind der Chef, über unser Leben und damit ist es zugleich unsere Pflicht, darüber die Kontrolle zu haben und nicht dem Zufall die Dinge zu überlassen.

Was war „Overstanding"

Wenn du in die Vergangenheit zurückblickst, was war „Overstanding?" Für diejenigen, die das schöne Wort nicht verstehen, hier das deutsche Wort „Herausragend!" Wie es das Wort ausdrückt, es ragt aus der großen, breiten Maße heraus. Man sieht es, nimmt es wahr, es ist gigantisch. Vielleicht hattest du schon einmal bei einem deiner Flüge das Glück, nur Nebel unter dir zu sehen und plötzlich einen Berg der herausragt, genau das ist damit gemeint. Schreibe nachfolgend das Herausragende in deinem bisherigen Leben auf.

1.) ____

2.) ____

3.) ____

Wieso waren es genau diese drei Punkte? Wie ist es dazu gekommen? Kannst du solche Dinge wiederholen? Jetzt nehme dein Lebensalter und teile es durch drei. Als Beispiel, du bist heute 30 Jahre alt, geteilt durch 3, erhalten wir die Summe 10. Das heißt, du hast bisher alle zehn Jahre einen Highlight in deinem Leben erlebt. Was denkst du, dass dies ausreicht oder zu wenig ist? Klar kannst du nun argumentieren und sagen „Moment, ich habe etliche mehr!“ Dann finde ich das super. Nehme ein Blatt Papier und schreibe alles auf, was „Overstanding“ in deinem Leben war und mache die Rechnung, wie gehabt. Teile das Lebensalter durch die Anzahl deiner herausragenden Momente und du hast das Resultat. Ich bin mir sicher, dass da nicht mehr viel passiert. Woher ich das weiß? Aus über 30 Jahren Erfahrung mit Menschen.

Dein Fazit: ______________________________________

Was war sehr gut

Eben hatten wir deine größten Momente im Leben. Jetzt kümmern wir uns um die Bereiche, die in deiner Vergangenheit sehr gut waren. Sie waren nicht “Overstanding“ jedoch gleich darunter. Vielleicht gehörst du auch zu denen, die behaupten, dass das nicht leicht ist. Nun denn, alles was man das erste Mal macht, ist nicht leicht. Trainiere und du kommst immer stärker hinein. Wenn du nun unsere vier verschiedenen Abstufungen anschaust, kaum ein normaler Mensch macht das. Dabei sind es genau die elementaren Dinge, die uns exakt weiterbringen, weil wir uns damit beschäftigen. Halte die drei wichtigsten Punkte aus deiner Vergangenheit fest.

1.) ______________________________________

2.) ______________________________________

3.) ______________________________________

Wieso waren diese Punkte nur sehr gut und nicht „Overstanding?“ Denn von sehr gut bis zu herausragend, ist kein langer Weg. Ein wenig mehr als ein Hauch und schon hätte es gepasst. Das Problem ist, dass wir keinen genauen Gradmesser haben, wo wir uns im Moment befinden. Aus diesem Grunde ist es wichtig, eine Kontrolle einzubauen, um jederzeit genau zu wissen, wo man steht und was erforderlich ist, um die Sache komplett zu machen. Wie heißt es so schön

**„Wo beginnt der Erfolgreiche?
Genau dort, wo der Erfolglose aufhört!“**

Dein Fazit: ____________________

Was war gut

Jetzt geht es einen Schritt weiter, wie viele Dinge waren gut? Wie leicht wäre es für dich gewesen, aus manchem ein „sehr gut“ zu machen? Klar, im Nachhinein haben wir es relativ leicht, darüber zu sprechen, denn was vorbei ist, ist vorbei. Es geht jedoch speziell darum, genau aus diesen einzelnen Komponenten für die Zukunft zu lernen, dass wir nie mehr in die Falle hineinlaufen. Halte fest, was gut war.

1.) ____________________

2.) ____________________

3.) ____________________

Als ich das vor Jahren gemacht hatte, wurde mir manches bewusst. Ich fragte mich oft, wieso ich nicht aus dem „gut“ ein „sehr gut“ oder gleich die Krönung hätte machen können? Ich muss täglich aufpassen, mich kontrollieren, dass ich auf dem Weg bleibe. Zu groß sind die Versuchungen und der Weg von der Tugend wegzukommen, ist ein kurzer. Die Macht der Gewohnheit ist zu gigantisch. Lese darüber in meinem Buch „Nimm dich in acht, vor der Macht deiner Gewohnheiten!“

Dein Fazit: ____________________

Was war miserabel

Zum Schluss kommen wir zum Miserabelsten. Wieso war das so? Was hat dich dazu bewogen, dir keine Mühe zu geben? Was war dein Motiv dafür? Denn wie bei allem im Leben, hat es stets einen tieferen Grund, wieso die Dinge so sind, wie sie sind. Je genauer wir dies herausfinden, desto leichter können wir damit umgehen. In erster Linie daraus für die Gegenwart und Zukunft lernen. Halte deine Punkte fest.

1.) ____

2.) ____

3.) ____

Manchmal werde ich gefragt, ob das so schlimm wäre. Kommt darauf an, welche Ansprüche man an sein Leben stellt. Wenn du gerne minimalistisch durchs Leben gehen willst, das über alles liebst und mit den Ergebnissen klarkommst, ist das vollkommen in Ordnung. Wenn deine Ansprüche jedoch ein wenig höher angesiedelt sind, wovon ich ausgehe, sonst hättest du dieses Buch bestimmt nicht gekauft, sieht es anders aus. Dann kann und darf man solch ein Verhalten mit dieser Leistung nie und nimmer tolerieren. Da heißt es, intensiv daran zu arbeiten, eine Veränderung einzuleiten.

Dein Fazit: ______________________________________

Wieso war es jeweils so

Lerne alles stets zu begründen und zu dokumentieren. Nimm nie etwas als gegeben hin, das ist keine gute Ausgangsbasis, für dein weiteres Leben. Mache es dir zur Gewohnheit, stets das Allerbeste anzustreben. Mit etwas Geringerem darfst du dich niemals zufriedengeben, das tut dir nicht gut. Wenn du ab heute derart durchs

Leben schreitest, hast du mehr Freude, Spaß und weitaus bessere Ergebnisse, darauf kommt es an.

Wie soll es in Zukunft sein

Mache dir darüber Gedanken, wie du durchs Leben gehen wirst. Als großer Meister, oder eher als............? Den Namen darfst du dir aussuchen. Es wäre schade, wenn du nicht mehr aus deinen Fähigkeiten machst. Es liegt alleine an dir, du musst wahrhaftig nur eine Entscheidung treffen, das ist alles.

Deine Gegenwart

Das ist der einzige Moment, in dem wir sagen können, wir leben. Genau in diesem Moment, in dem du diese Zeilen liest, kannst du hundertprozentig sagen „Jawohl, ich bin!“ Ob es für dich, für uns, ein Später gibt, vielleicht morgen oder übermorgen, wissen wir nicht. Ob dies gut ist oder nicht, lassen wir dahin gestellt sein. Ich weiß nicht, wie es sich für dich anfühlen würde, wenn du wüsstest, dass du zum Beispiel noch 300 Tage zu leben hast. Ich denke, dass es besser ist, es nicht zu wissen.

Lebe im „Hier und Jetzt“

Mache es dir zur Devise, stets im „Hier und Jetzt“ zu leben. Vielleicht erinnerst du dich noch daran, als du jung warst, hast du nach vorne geblickt und wie die meisten Menschen gesagt „Wenn ich einmal älter/größer bin, dann.....!“ Wenn die Zeit gekommen ist, blickt man zurück und meint „Früher war alles besser!“ Das ist Schwachsinn, welcher sich die Menschheit damit antut, anstatt genau im „Hier und Jetzt“ zu leben. Nochmals, was vergangen ist, ist definitiv vergangen. Da müssen wir uns keine Gedanken mehr machen, von wegen „Hätte ich doch nur!“ Ich lebe stets zu 98% im „Hier und Jetzt.“ Die restlichen 2% lebe ich in der Zukunft, denn ohne Zukunftsvision und –planung, gibt es keine Chance.

Verschiebe nie wieder etwas

Damit deine Zeit reicht und du keinen unnötigen Stress haben wirst, lebe jeden Tag so, als wäre es dein letzter. Verschiebe niemals etwas auf irgendwann, das ist keine gute Tugend, es ist sogar äußerst unklug. Lese hierzu mein Buch „Verschieberitis - Hast du auch diese schlimme Krankheit?“ Halte dich unbedingt daran und erledige alles, was dazu beiträgt, damit du für andere Menschen zum Segen wirst. Dabei hilft die großartige Frage.

„Was haben andere Menschen davon, dass es mich gibt?“

Hast du dir darüber jemals Gedanken gemacht? Wohl kaum und dennoch ist es eine der wichtigsten Fragen. Denn je höher der Nutzen ist, den du anderen Menschen bietest, desto höher kommt der Nutzen, respektive das Ergebnis zurück. Näheres darüber in meinem Buch „Biete den Menschen einen hohen Nutzen!“

Was denkst du nun? Komisch, fand ich es das erste Mal, denn genau darüber hatte ich mir noch nie Gedanken gemacht. Wieso denn auch, wer hatte mir das beigebracht? Doch kein Mensch, die große Frage ist, wie fast immer, was können die anderen für mich tun, damit es mir gut geht? Dass ich mir jedoch auch in umgekehrter Richtung Gedanken machen kann, war mir fremd. Jedoch absolut spannend, denn es hilft, nie mehr aufzugeben, dabei zu bleiben und eine Meisterleistung zu vollbringen. Wenn dich die Menschen brauchen und du dadurch erfolgreich bist, ist dies eine andere Ausgangsbasis, als wenn du keinen Erfolg hast. Was sollte dann für dich motivierend sein, dabei zu bleiben?

Dein Fazit: ______________________________

Notiere die drei wichtigsten Punkte

Wir wollen es genau wissen, denn dadurch haben wir die Chance, die Dinge regelmäßig zu wiederholen und sie zum Erfolg zu führen. Genauso hilft es uns aufzupassen, dass wir die schlechten Dinge auslassen und uns sogar davor hüten.

1.) ______________________________

2.) ______________________________

3.) ______________________________

Ich gehe davon aus, dass du eigenverantwortlich die Aufgabe erledigst, ohne Schwäche zu zeigen. Ich glaube, du hast auch erkannt, um was es geht und damit nicht zu spaßen ist.

Dein Fazit: ____

Wende deine Erkenntnisse an

Denn sonst nützt es nichts. Es ist deine Aufgabe, absolut konsequent dran zu bleiben und weder nach rechts noch nach links zu schauen. Lasse dich von niemandem ablenken. Dies ist ein dringlicher Punkt, auch wenn viele meinen, dass das, was du hier tust, Schwachsinn wäre. Lass die Leute ruhig lachen, gehe unbeirrbar deines Weges und kümmere dich ausschließlich um dein Wesentliches. In diesem Wort ist das „Wesen" enthalten, das bist du und du solltest dir das Allerwichtigste sein.

Der einzige Moment, in dem du lebst, ist jetzt

Du kannst es drehen und wenden, wie du willst. Der einzige Moment ist jetzt, weder gestern noch morgen. Mag sein, dass es für dich ungewohnt ist, ziehe es dennoch durch. Am Anfang ist alles ein wenig schwierig und teilweise schwer zu verstehen. Hinzu kommt, dass du gegen die eigene Komfortzone antreten musst und gegen die Macht der Gewohnheit. Kein leichtes Unterfangen, du schaffst es jedoch und dies ist das Entscheidende.

Wer die Gegenwart verpasst, verpasst die Zukunft

Diese Aussage finde ich großartig. Wie unendlich viele verpassen die Gegenwart und damit zugleich die Zukunft. Sind dann erstaunt, frustriert und werden teilweise sogar krank darüber, dass sie nicht ihr selbst bestimmtes Leben gelebt haben. Es ist das Wichtigste, sich so zu leben, dass man stolz auf sich sein kann. Man sollte immer hochblicken und jederzeit sagen können „Du bist großartig, klasse, ich bin sehr stolz auf dich!" Kannst du das zum jetzigen Zeitpunkt, von dir behaupten?

Deine Zukunft

Was ist exakt die Zukunft? Das ist genau das, was vor uns liegt. Die kommende Sekunde genauso, wie die nächsten Jahre oder Jahrzehnte. Etwas Wunderschönes, wenn wir es gelernt haben, entsprechend damit umzugehen, absolut zukunftsorientiert arbeiten und alles Unnötige herausfiltern. Aber von alleine wird sich nichts tun. Es ist in der Tat ein höchst aktiver Prozess, der geführt werden will. Ich muss in der Gegenwart hundertprozentig wissen, was zu tun ist, damit ich da ankomme, wo ich ankommen wollte und nicht irgendwo. Das begreifen die meisten nicht, man spricht lieber von Zufällen oder noch abstruser, vom Schicksal.

Deine Zukunft beginnt in einer Sekunde

Sicherlich findest du das ein wenig seltsam. Dann bist du in bester Gesellschaft, mit den meisten Menschen, die nach wie vor glauben, dass Zukunft irgendwann ist, nur nicht gerade in einer Sekunde beginnend. Nun, jeder kann denken und daraus seine Handlungen ableiten, wie er möchte. Wichtig ist, dass man sich dessen bewusst ist, was da geschieht. Sich auch nie mehr auf solche abenteuerlichen Geschichten einlässt, von wegen „Ich würde schon gerne und es wäre schön!“ Das bringt nichts, im Gegenteil, es belastet unnötig und man gibt damit, die eigene Unfähigkeit preis. Die Menschen sind schon komisch, da fürchten sie nichts mehr, als sich zu offenbaren. Da wird der Schein, des mehr sein Wollens, versucht aufrecht zu erhalten, dabei outet man sich durch solche dummen Aussagen wie

„Ich würde schon gerne!“

Tue es doch, gib dir endlich einen Ruck, schlafe nicht mehr, keine einzige Sekunde und packe das Leben in seiner Fülle an.

Deine Zukunft beginnt jetzt, mit deinen Entscheidungen

Das musst und darfst du dir fest einprägen. Zukunft ist nicht irgendwann, sondern du bestimmst diese, mit deinen jetzigen Gedanken, denn daraus werden Taten folgen. Hier zeigt es sich, welche Ursachen du in der Vergangenheit gesetzt hast. Da ist es wichtig, dass du genau aufpasst, was passiert. Darum solltest du auch solche Aussagen wie „Schauen wir mal" dahin verbannen, wo sie hingehören, nämlich ins Nirwana, aber sicherlich nicht in dein Leben. Was heißt denn das? „Schauen wir mal." Nichts anderes, dass du das Leben an dir vorbeiziehen lässt, um danach zu schauen, wie es ist und war.

Merkst du was? Schon ein bisschen komisch, der Mensch. Also, wache auf, wenn du es möchtest. Mache eine Meisterleistung aus dem Kostbarsten, was du mitbekommen hast, deinem Leben, oder lasse es und schlafe weiter vor dich hin. Keiner hat das Recht, dich zu be- oder verurteilen, denn es ist dein ureigenes Leben und damit kannst du machen, was du willst. Aber eines solltest du bei der Sache unbedingt beachten „Jammere nie!" Das machen leider die meisten Kandidaten und nerven damit die anderen Menschen.

Wie soll die Zukunft für dich ausschauen

„Kommt darauf an" höre ich häufig. Schon wieder ein wachsweicher und hausgemachter Unsinn. Kommt darauf an, es kommt auf nichts an. Du musst endlich wissen, was du willst und was nicht. Entsprechend planst du in der Gegenwart. Dann geht es an die Umsetzung und du wirst dort ankommen, wo du hin wolltest. Es ist so leicht und dennoch beherrschen es die wenigsten. Die Mehrzahl macht eine komische Sache daraus und hofft natürlich in der Zukunft, dass sich alles von selbst ändern und bessern wird. Man hat es schließlich verdient. Ist das nicht verrückt, derart zu leben? Natürlich, denn dadurch ist die Enttäuschung vorprogrammiert und dann kann man wiederum sagen „Immer wieder ich!" Selbstveständlich immer wieder du. Wieso denn nicht, du bist nun einmal das Produkt deiner vorausgegangen Taten. Folglich darfst du nicht überrascht sein. Im Gegenteil, sei dankbar und glücklich, dass du etwas anderes hättest auswählen können. Du hast es jedoch vorgezogen, diesen Weg zu gehen, nun hast du das Resultat, das ist doch nicht schlimm. Schlimm wird es nur, wenn du das machst, was die meisten tun, ewig Jammern. Schenke es dir und wenn du ein schlechtes Ergebnis hast, ist das nur die Ausgangsbasis deiner Wahl. Sei das nächste Mal etwas überlegter und klüger, damit du es dir so gestalten kannst, dass es für dich passt.

Wo möchtest du hin

Ich wiederhole mich noch einige Male, weil es eines der wichtigsten Kapitel, im menschlichen Leben ist. Solange du nicht weißt, was du willst, wirst du immer das bekommen, was übrig bleibt. Das kann manchmal wenig sein, genau deshalb kommst du an die Schwelle des Aufgebens. Da du keinen brennenden Wunsch und kein Verlangen hast, ist es dir schlussendlich egal. Kaum taucht die erste Schwierigkeit auf, wirfst du sofort alles weg. Stürzt dich mit der großen Hoffnung ins nächste Abenteuer, dass es dieses Mal besser wird. Solche Dinge auf dem Prinzip „Hoffnung" aufzubauen, ist nicht klug. Tatsachen und Fakten sind gefragt und wollen verankert werden. Folglich packe es an und träume in dieser Phase nie wieder.

Was ist für dich dringlich

„Da würde es schon Einiges geben" oder „Eigentlich bin ich zufrieden." Grausam dies zu behaupten, und wenn wir das Wort „eigentlich" weglassen, was bleibt übrig? Eigentlich nichts mehr, deswegen passe gut auf dich auf, dass du ausschließlich die Dinge definierst, die für dich von äußerster Wichtigkeit sind. Alles andere vollends weglässt, denn das hat hier nichts zu suchen. Richte dein Leben nach den dir wichtigen Dingen ein und das andere, hat dich nicht zu interessieren. Konzentration auf das Wesentliche, ist nach wie vor die Devise. Es wird nur der Erfolg haben, der genau weiß, was er will. Also, nichts von Halbschwangerschaft oder sonstigen Geschichten. In den nächsten Kapiteln werden wir das Ganze vertiefen.

Was ist, wenn du das nicht erreichst

Diese Frage musst du dir unbedingt stellen. Was würde es für dich bedeuten? Wäre es schlimm oder ist es dir egal? Wenn es schlimm ist, wunderbar. Dadurch bist du schon eher im Bereich des brennenden Wunsches und hast auch den nötigen Biss, die Dinge umzusetzen und niemals aufzugeben. Solange du jedoch schwachstrommäßig unterwegs bist und denkst, es wäre nett, wirst du keine Power aufbauen können und die Punkte eilig, von dir wegschieben. Dann kannst du dich in die unendlich lange Reihe der Erfolglosen einreihen und mit allen das Wehklagen, über die Ungerechtigkeiten dieser Erde intonieren. Schade dabei ist, dass du dir deine Lebenszeit kaputt machst.

Deine ureigene Erfolgsformel

Sicherlich hast du dich schon gewundert, dass es Menschen gibt, die mehr Erfolg haben, denen alles gelingt und im Gegenzug Menschen, bei denen es umgekehrt ist. Diese produzieren einen Misserfolg nach dem anderen. Weißt du, womit das zu tun hat, mit einer simplen Formel. Erfolgreiche machen letztlich immer das Gleiche, genauso wie Erfolglose. Es ist dasselbe Prinzip, ein Gedanke, eine Tat und ein Ergebnis. Abhängig, ob es ein Erfolg wird oder nicht, ist an erster Stelle der Gedanke. Welche Gedanken hegst du? Bejahende und Positive oder Destruktive? „Kommt darauf an“ sind die Argumente. Da haben wir das Problem. Mal „Ja“ mal „Nein,“ das kann nicht funktionieren. Es ist ein Ding der Unmöglichkeit, dass vernünftige Ergebnisse daraus entstehen können.

Die Erfolgsformel kennst auch du

Du wendest die Erfolgsformel für Positives oder Negatives, Tag für Tag an. Darüber sind sich die wenigsten Menschen bewusst, dass sie der Verursacher des Ganzen sind. Viele glauben lieber an Schicksal und sonstige Geschichten. Nur wenn ich das so sehe, passiert Folgendes, ich gebe mein Leben aus der Hand. Das Leben muss bei mir bleiben und sonst nirgendwo. Das ist die Ausgangsbasis für jetzt und später. Kommen wir nochmals zum Ursprung, der Einleitung zurück. Mal bist du gut gelaunt und dann wieder nicht. Lasse uns das Ganze berechnen.

Du bist gut gelaunt	+ 1
Du bist immer gut gelaunt	+ 1
Dein Resultat ist	+ 2

Gut, oder? Klar, wenn du gut drauf bist, all die Dinge tust, die zu tun sind, erzielst du fortlaufend bessere Ergebnisse. Diese multiplizieren sich immer stärker, das kannst du gar nicht verhindern.

Jetzt schauen wir eine Person an, die wie die meisten, einmal gut drauf ist und dann wieder nicht. Betrachte das Ergebnis.

Du bist gut gelaunt	+ 1
Du bist schlecht gelaunt	- 1
Dein Resultat ist	0

Was denkst du? Vielleicht machst du es so, wie manche Seminarteilnehmer, die meinen „Ja, das ist alles reine Theorie!" Oder „Papier ist geduldig!" Merkst du was? Völlig vernagelt oder verbohrt, solchen Unsinn zu erzählen. Das sind dann die berühmten Alibigeschichten. Nach dem Prinzip „Alles gut und recht, nur bei mir ist es anders."

Lass uns weiterspielen

Jetzt haben wir gerade so schön angefangen, lass uns ein wenig weiterspielen. Erfolgreiche lieben es zu rechnen, es ist eines ihrer liebsten Beschäftigungen, sich zurückzuziehen und die Dinge zu analysieren. Sie überlassen nichts, aber auch nichts dem Zufall, von wegen „Schauen wir einmal" oder sonstigen Floskeln. Sie haben ein klares Ziel vor Augen, darauf folgt die Planung und sofort geht es ans Tun. Ohne einen Augenblick zu zögern und zu warten, dass vielleicht das Glück kommt, ohne dass man aktiv werden muss. Davon träumt nämlich die halbe Menschheit, wie schön es wäre, wenn....! Über dieses Warten wirst du ein alter Mensch. Folglich packe es lieber sofort an. Du weißt doch, um was es geht? Richtig, es geht um dein Durchhaltevermögen und dass du niemals aufgibst. Wir nehmen nun die Rechnung von vorhin. Da hatten wir ein Plus von zwei.

Du bist gut gelaunt	+ 1
Du bist immer gut gelaunt	+ 1
Dein Resultat von vorhin	+ 2
Du bist wieder gut gelaunt	+ 1
Dein neues Resultat	+ 3

Jetzt bist du schon bei plus drei. So können wir beliebig fortfahren und es überhaupt nicht verhindern, permanent besser und besser zu werden. Wir steigern uns zusehends, das ist genau der Punkt, an dem Außenstehende sagen „Das gibt es doch nicht, wo schon viel ist, kommt noch mehr dazu, so eine riesige Ungerechtigkeit, auf dieser Erde." Ich bin mir hundertprozentig sicher, dass Sie solche Gedanken kennen. Sei es, weil Sie selbst so denken, oder Ihre Umwelt dermaßen erleben. Merken Sie was? Alleine dadurch sind Sie wieder negativ eingestimmt und was wird das Resultat daraus sein? Genau, nur minus. Schauen wir es anhand des nächsten Rechenbeispieles an.

Du bist gut gelaunt	+ 1
Du bist schlecht gelaunt	- 1
Dein Resultat von vorhin	0
Du bist schlecht gelaunt	- 1
Dein neues Resultat	- 1

Jetzt haben wir bereits ein Minus von eins. Wenn wir das Spiel weiterspielen, hätten wir nach einigen Tagen minus zehn. Stell dir vor, dann wären wir wieder einmal richtig gut gelaunt und erhalten dafür eine plus eins. So kämen wir nach wie vor auf Minus neun. Schlimm, oder? Ich finde, das ist die sogenannte „never ending story." Du wirst zusehends weniger haben. Man nennt dies auch die Spirale, des Erfolges oder Misserfolges.

Zu welchen Menschen zählst du dich

Du freust dich bestimmt, gleich deine Selbstanalyse zu tätigen. Sich zu analysieren, ist ein wichtiger Prozess. Nicht was die anderen Menschen meinen, was wir sind oder nicht, das ist nicht gefragt. Wir selbst wissen am besten, wer wir sind und wohin wir wollen. Wenn vielleicht auch nicht gerade bewusst, denn die meisten sind totale Verdrängungskünstler und super im Ausblenden. Das bringt uns aber ab einem bestimmten Punkt nichts. Du möchtest einiges in deinem Leben verändern, davon gehe ich aus, sonst wärst du nicht auf dieser Seite angelangt. Bitte schreibe auf, zu welchen Menschen du gehörst.

____

Wieso ist das so?

1.) ____

2.) ____

3.) ____

4.) ____

5.) ____

6.) ____

7.) ____

8.) ____

9.) ____

10.) ____

Ich hoffe, dass du nicht zu den Minimalisten gehörst, die hingeschrieben haben „Weiß ich nicht!" Denn das gibt es nicht. Jeder weiß, warum die Dinge so sind, wie sie sind. Alles andere ist ein reines Alibimanöver und vom Vollprofi sofort durchschaubar. Wenn du deine Liste anschaust, was ist hausgemacht, das heißt, von dir kommend und wie viel von den Mitmenschen? Das Erstaunliche dabei ist nahezu immer, dass fast alles von den anderen kommt und wir ihnen einen zu großen Stellenwert in unserem Leben einräumen. Völlig bescheuert, diese Vorgehensweise. Nimm sofort deinen Stift und streiche das Fremdbestimmte durch. Was bleibt übrig? In der Regel nichts oder höchstens ein Punkt, mit dem sich relativ leicht arbeiten lässt.

Dein Fazit: ______________________________________

Du hast sie schon häufig angewendet

Ich hoffe, du erkennst etliches für dich. Oft sagen die Menschen, dass das Leben nicht leicht ist, da muss ich dagegenhalten. Das Leben ist in seinen Grundstrukturen simpel aufgebaut und dennoch genial. Darum funktioniert es großartig und ohne Widerstände, würde man es so belassen, wie es ist. Irgendwann aber kam der kluge Mensch, der alles weiß und kann. Man geht in die Schule, studiert und maßt sich an, den Kleinsten auf der Erde beizubringen, wie die Dinge zu laufen haben. Das finde ich abenteuerlich, wird aber von der Gesellschaft geduldet. Genau diese Menschen sind es dann, die Raster bei den Kleinsten setzen, dass daraus oft ein Handicap fürs gesamte Leben entsteht, das finde ich bedenklich. Näheres darüber, im Kapitel Glaubenssätze.

Wir tun leider vieles unbewusst

Das ist ein Problem, anstatt die Dinge zu analysieren und sie uns dadurch greifbar zu machen, wird behauptet, dass es halt so ist, wie es ist und man nichts ändern kann. Wie oft hast du diesen Satz gehört.

„Ich bin halt, wie ich bin!“

Da fehlt nur noch das Amen. Bitte nicht, du bist ausschließlich das Produkt deiner Beeinflusser, verstärkst die Geschichte durch deinen Glauben. Tag für Tag, in der Wiederholung manifestiert es sich so tief, dass wir Menschen es zum Schluss richtig schwer haben, herauszukommen.

Erfolgreiche sind sich über alles bewusst

Werde dir bewusst, wer du bist und was mit dir alles geschehen ist. Analysiere deine gesamten Beeinflusser, über die Jahre hinweg. Dann heißt es endlich aufräumen, wenn du etwas in deinem Leben verändern möchtest. Wenn du natürlich behauptest, es wäre alles gut so, wie es ist, wärst du ja verrückt, eine Änderung herbeizuführen. Aber du bist nicht zufrieden. Vielleicht möchtest du nun wissen, woher ich das weiß? Ich habe Tag für Tag mit vielen Menschen zu tun und erlebe häufig, die gleichen Geschichten. Nahezu alle sind nicht zufrieden, das ist auch nicht tragisch, denn es wird früh genug der Tag kommen, an dem wir unseren Frieden haben werden. Da brauchen wir uns keine Sorgen zu machen. Ich behaupte, dass gut 98% unzufrieden sind. Darauf angesprochen sagen die meisten zuerst, dass sie absolut zufrieden sind. Bei genauerem Hinschauen ändert sich die Situation jedoch wieder.

Überlasse nichts dem Zufall

Das muss für dich zur großen Aufgabe werden, dass du endlich das Zufallsprinzip verlässt, das darf nicht dein Thema sein. Was sagt das Wort Zufall aus? Was dir zufällt, das ist nicht lustig. Gehen wir ab sofort völlig anders vor. In den nächsten Kapiteln schauen wir uns die Formel Z + P + T + K an. Damit kannst du alles klar strukturieren. Auch wenn der eine oder andere meint, das wäre Unsinn. Du musst es einfach tun, das ist der entscheidende Punkt. Wenn du es nicht tust, wirst du die gleichen Ergebnisse erzielen und die sind ja bekanntlich nicht die besten.

Z steht für ZIELE

Ziele sind die Ausgangsbasis, für ein schönes und großartiges Leben. Ziele haben ein riesiges Potential in sich und drängen auf Erfüllung. Das Unterbewusstsein unterscheidet dabei nicht, ob es negative oder positive Ziele sind. Aus diesem Grunde ist es wichtig, welche Ziele du wählst. Hier musst du aufpassen, um nicht in die Falle zu laufen. Manche meinen, das wäre kinderleicht, andere wiederum behaupten, dass es kompliziert wäre. Egal, wie es ist, wie immer im Leben, hat es etwas mit Training zu tun. Als Untrainierter an die Sache heranzugehen, ist nicht gut. Je häufiger du es tust, desto leichter und schneller geht es dir von der Hand. Am Anfang, in der ungewohnten Phase, scheint es für dich eine Qual zu sein, buchstäblich die Pflicht und irgendwann ist es soweit, dass es für dich zur Kür wird.

Was willst du

Schreibe schwarz auf weiß die Dinge auf, die du ohne „Wenn und Aber" möchtest. Denke dabei nicht in Problemen, kleines Beispiel aus meinem Leben. Ich hatte den Audi A8 in der Langversion als Ziel. Das war eine super Sache, jedoch war meine Geldbörse weit davon entfernt. Folglich hätte ich es nicht aufschreiben dürfen, das ist aber im Moment nicht das Thema. Es geht ausschließlich darum, dass du alles, aber wirklich alles aufschreibst. Notiere materielle und immaterielle Dinge.

1.) ______________________________

2.) ______________________________

3.) ______________________________

4.) ______________________________

5.) ____

6.) ____

7.) ____

8.) ____

9.) ____

10.) ____

Bist du glücklich, wenn du an deine Ziele denkst? Schlägt dein Herz höher? Katapultiert es dich womöglich in andere Sphären? Du musst nicht lachen, das meine ich ernst. Wenn es Schwachstromziele sind, kannst du es vergessen. Je kleiner und geringer deine Ziele sind, desto weniger ist deine Motivation, überhaupt in Bewegung zu kommen.

Dein Fazit: ____________________________________

Was willst du tatsächlich

Jetzt gehen wir weiter in die Tiefe. Was willst du wirklich? In diesem Satz ist enthalten, es geht ausschließlich um dich und nicht um irgendjemand anderes. Oft ist es das Problem, wir unterliegen ständig einem Bombardement und der Beeinflussung, dass wir manchmal nicht wissen, waren und sind wir das jetzt, oder ist es der Wunsch, von den anderen? Weiter ist in dem Satz „wirklich“ enthalten, was mit der Wirklichkeit zu tun hat. Deine Wirklichkeit und nicht die der anderen. Hier musst du aufpassen, dass du nicht in die Falle läufst. Ich erlebe das häufig auf den Schulungen und beim Coaching. Vor allem, wenn solche Sprüche kommen, wie „Ich bin eigentlich zufrieden!“ Alleine der Ausdruck „eigentlich“ ist haarsträubend und sagt genau aus, dass man eben „eigentlich nicht zufrieden“ ist. Beim Wort „zufrieden“ denke ich an den Friedhof. Da wirst du dann zufrieden, in Frieden liegen. Vielleicht hast du mit meiner Denkweise Probleme, das macht nichts. Das Problem dabei ist, durch die klugen Erwachsenen wurden wir oft auf ein Minimum reduziert, dass wir selbst daran glauben, zufrieden sein zu müssen und bloß keine Ansprüche zu hegen. Lese darüber im Kapitel „Glaubenssätze!“ Notiere nochmals, was du wirklich möchtest.

1.) ______________________________

2.) ______________________________

3.) ______________________________

4.) ______________________________

5.) ______________________________

6.) ______________________________

7.) ______________________________

8.) ______________________________

9.) ______________________________

10.) ______________________________

Wie fühlt es sich für dich an? Bemerkst du einen Unterschied zum ersten Durchgang? Du bist hoffentlich mutiger geworden. Denke an deine Kindheit zurück. Erinnerst du dich noch daran, was du alles werden wolltest? Das war der Wahnsinn, oder? Jeden Tag etwas anderes und es gab überhaupt keine einzige Konvention. Du warst frei, begeistert und motiviert. Und jetzt im Erwachsenenalter, was ist aus dir geworden? Sollte ich mich irren, ist das auch in Ordnung.

Dein Fazit: ______________________________

Was willst du nie mehr

Das ist das Gegenstück, möchtest auf der einen Seite mehr besitzen, wunderbar. Vom Wunsch alleine her, wird sich nichts tun, du musst ins Handeln kommen. Klar nach der Devise „Wenn nicht jetzt, wann dann!“ Wenn du alles lässt, wie es war, darfst du nicht erstaunt sein, dass du permanent die gleichen Ergebnisse erzielst. Das verstehen viele Menschen nicht und sind am Lamentieren, dabei gibt es überhaupt keinen Grund. Es läuft stets alles nach dem Prinzip von

„Ursache und Wirkung!“

Schreibe exakt alles auf, ohne irgendetwas wegzulassen oder zu beschönigen.

1.) ______________________________

2.) ______________________________

3.) ______________________________

4.) ______________________________

5.) ______________________________

6.) ______________________________

7.) ______________________________

8.) ____

9.) ____

10.) ____

Was denkst und fühlst du? Geht es dir nach der Auflistung gut oder eher nicht? Als ich es damals gemacht habe, ging es mir nicht gut, denn ich hatte einen riesigen Berg vor mir. Auf den ersten Blick war es immens viel, dass ich dachte „Wie soll ich das jemals schaffen?“ Du kennst bestimmt auch das Phänomen, dass man vor lauter Bäumen, den Wald nicht sieht.

Dein Fazit: ____

Wieso willst du das alles

Wünsche und Ziele zu haben, ist eine Geschichte und Dinge nicht haben zu wollen, wiederum eine andere. Das Ganze in Einklang zu bringen, ist eine große Herausforderung und das passiert nicht von selbst. Je genauer man weiß, wieso man manche Dinge möchte und andere wiederum nicht, desto besser kann man vorgehen. Hat den nötigen Antrieb, die Dinge durchzuziehen und nicht frühzeitig aufzugeben. Das ist das Schlimmste, was einem passieren kann. Da wären wir dann wieder im Bereich des Aufgebens, genau da liegt das unsägliche Problem von vielen.

Sie hätten gerne viel und sind damit gut unterwegs. Es treten erste Schwierigkeiten auf und schon steckt man den Kopf in den Sand. Wer das tut, braucht nicht erstaunt zu sein, dass er Sand zwischen den Zähnen hat, kein angenehmes Gefühl. Darum gilt es unbedingt, die Zusammenhänge der Wünsche klar zu verstehen, damit sie uns Antrieb und zugleich Motivation sein können. Die große Frage nach dem wieso und warum, muss einen Sinn geben. Halte fest, wieso du das alles möchtest.

1.) ____

2.) ____

3.) ____

4.) ____

5.) ____

6.) ____

7.) ____

8.) ____

9.) ____

10.) ____

Wenn du Probleme hast, alles auszufüllen, tue es trotzdem. Strenge dich an, nur dadurch hast du die Chance, die Dinge zu ändern und in den Griff zu bekommen.

Dein Fazit: ____

Ziele müssen folgende Eigenschaften aufweisen

Ziele müssen bestimmte Strukturen aufweisen, damit es überhaupt möglich ist, diese zu planen. Bei den meisten Menschen scheitert es bereits in der ersten Vorstufe zum Erfolg, weil sie keine klaren Strukturen haben. Das ist fatal, was diese Leute tun. Das Leben ist so wertvoll und kostbar, man darf nicht damit herumspielen. Auch du kannst es in dein Leben implementieren, wenn du es möchtest. Wenn nicht, auch das ist dein gutes Recht, aber es wird eben alles so bleiben, wie es war.

Halte dich unbedingt an die Regel

Wie immer im Leben kann man es aus dem Handgelenk machen, oder man geht wie ein Profi vor und hält sich an die Erfolgsformel. Ich bin überrascht, wie oft der Einzelne das Rad neu erfinden will. Das ist unglaublich, anstatt von Menschen zu lernen, die den Weg bereits gegangen sind. Das scheint jedoch eine Tugend zu sein, alles besser wissen zu wollen. Wie heißt es treffend

**„Der Kluge lernt von Erfolgreichen,
der Narr macht alles alleine!"**

Zu welchen gehörst du? Na klar, ich kenne deine Antwort. Natürlich zu denen, die von anderen lernen, aber das glaube ich dir nicht. Egal, wir werden sehen, wie intensiv du die Dinge, die du hier liest, in aller Konsequenz umsetzt. Das System funktioniert, über zehntausend Menschen haben es alleine durch unsere Lehrgänge umgesetzt. Die Frage ist dabei, in welcher Konsequenz und mit welchem Durchhaltevermögen.

Ziele müssen KLAR sein

Ziele müssen absolut klar sein. Wenn diese nicht klar sind, hast du keine Chance, dass es wird. Dies ist traurig, denn voller Hoffnung fängt man an, ein wenig zu wünschen und das war es bereits. Dies zieht sich durch dein gesamtes Leben. Bis du dir eines Tages richtig bewusst bist, was passiert, bist du in der Altersfalle. Folglich packen wir es lieber sofort an. Wir kümmern uns permanent, um eine absolute Klarheit der Ziele.

Ziele müssen KONKRET sein

Das ist die nächste nette Geschichte, viele Ziele sind nicht konkret. Die Folge daraus sind unkonkrete Ergebnisse und die Konsequenz ist meist, dass man aufgibt, weil es keinen Sinn macht. Das ist fatal, um nicht zu sagen sogar töricht. Je klarer und konkreter deine Ziele sind, desto besser kannst du planen und an die Umsetzung gehen. Beachte bitte dabei, dass das Saatgut stimmt, sonst kannst du alles vergessen.

Ziele müssen MESSBAR sein

Wenn du ein Ziel nicht messen kannst, hast du keine Chance, es anzugehen. Messbare Ziele sind die Grundvoraussetzung, damit du zügig vorankommst. Ich werde dir nachher einige Beispiele schildern.

Ziele müssen UNMISSVERSTÄNDLICH sein

Unmissverständlich ist ein riesen Thema. Wie viele Unfälle passieren genau deshalb, weil diese alles andere als verständlich sind. Unmissverständlichkeit für alle Beteiligten ist das Thema. Wie viel Streit gibt es, weil die Punkte nicht beachtet werden? Würden diese beachtet, ließen sich manche Kleinigkeiten wunderbar vermeiden.

Einige Beispiele

Lese diese genau durch, ich bin mir hundertprozentig sicher, dass du dich häufig erkennen wirst. Immer wieder wirst du merken, wie fatal die Dinge sind und die Ergebnisse jedoch stets genau, den Zielen entsprechen. Das hat nichts mit Schicksal zu tun. Du bist der Verursacher des Ganzen, aus diesem Grund passe besonders gut auf dich auf.

Geld

Viele wünschen sich genügend Geld, das entspricht genau den aufgeführten Punkten. Was ist dein Resultat, wenn du dir das wünschst? Richtig, du wirst genügend Geld haben. Wie kannst du das messen? Ganz einfach, weil es genügend ist, das spürst du schon. Und wie viel ist genügend? Richtig, genügend ist zu wenig. Schlimm, nein aber tragisch, denn wer solche Dinge erzählt, kommt aus dieser Falle nie heraus. Wie sagen da die Oberklugen gerne „Geld, ist nicht alles!" Richtig, das kann ich bestätigen, Geld ist in der Tat nicht alles, nur ohne Geld, ist alles nichts. Darüber solltest du dir einmal Gedanken machen, falls du solch eine schräge Denkweise dein eigen nennst. Das Hauptbeschäftigungsthema der meisten Menschen ist „Geld!" Genau aus dem Grund, weil sie nur genügend davon besitzen und das ist schrecklich. Denn genügend ist ein Hauch zu wenig.

Wie denkst du über Geld, deine Lieblingssprüche darüber

1.) ______________________________

2.) ______________________________

3.) ______________________________

4.) ______________________________

5.) ______________________________

6.) ____

7.) ____

8.) ____

9.) ____

10.) ____

Wenn du deine Punkte nochmals überfliegst, bin ich mir sicher, dass du das eine oder andere findest, welches genau wieder dagegen verstößt. Das ist der große Punkt, die Macht der Gewohnheit. Komisch, oder? So mogeln wir uns ein Leben lang durch die Welt und sind erstaunt, wenn die Ergebnisse mit dem, was man sich sehnlichst wünschte, nicht stimmig sind. Da nützt auch beten und hoffen nichts, die Grundausgangsbasis muss stimmen und dann passt alles andere auch.

Dein Fazit: ______________________________________

Gesundheit

Wie lauten die drei Dinge, wenn jemand Geburtstag hat oder zu Silvester „Ich wünsche dir viel Glück, Liebe und Gesundheit!" Dem enthalte ich mich, ich wünsche andere Punkte

„Ich wünsche dir viel Kraft, Power und Durchsetzungsvermögen, dass du alles, was du dir wünschst auch umsetzt!"

Das hört sich für mich gigantischer an, denn jeder von uns ist in der Tat für alles verantwortlich. Wir können entscheiden, was wir möchten und was nicht. Wofür wir bereit sind, uns zu engagieren und wo nicht? Gesundheit wünschen sich fast alle, das ist relativ. Ist Gesundheit das Wegbleiben von Krankheiten, oder gibt es da mehr? Finde für dich persönlich heraus, wo bei dir Gesundheit anfängt und diese aufhört. Das ist dringlicher, dass du dir klar, konkret, messbar und unmissverständlich deine Parameter schaffst. Denn die helfen dir, dass du dahin gelangst. Das fromme Wünschen, gesund zu bleiben und zu hoffen, dass dem so ist, basiert auf kindlichem Glauben und hat mit der Realität nichts zu tun. Es ist so weit davon entfernt, wie der Mars von der Erde. Für deine Gesundheit musst du etwas tun und dich bewegen.

Glück

Da muss ich schmunzeln, es gibt niemanden, der den Wunsch „Glücklich zu sein" nicht in sich verspürt. Ja, ich möchte glücklich sein, höre ich oft. Alleine der Ausdruck „möchte" ist unklar, dass daraus nichts wird. „Möchte" entweder bin ich es und setze alles daran oder ich bin es nicht, dazwischen gibt es nichts. Es macht unglücklich, halbschwanger durchs Leben zu gehen. „Ich möchte, ich möchte...." ist die eine Nummer. Die Zweite „Ich würde schon gerne......!" Irgendwie permanent Angst zu haben, sich etwas klar, konkret, messbar und unmissverständlich zu wünschen und an deren Verwirklichung zu gehen.

Wie es das Wort „Ver – wirklichung" aussagt, dass es Wirklichkeit wird. Das ist ein großartiger Traum, bereitet unendlich Freude und Spaß. Da lebe ich doch nicht in der krankmachenden Hoffnung, dass es werden wird. Das kann nicht wahr sein, wenn ich etwas will, bringe ich es zu Papier, gehe an die Planung und los geht es. Ich höre erst auf, wenn ich die Umsetzung geschafft habe, nicht warten und hoffen. Du musst konkretisieren, was für dich Glück bedeutet. Die meisten denken, das ist irgendetwas, was von außen kommt. Wie sagt der Volksmund passend

„Du bist deines Glückes Schmied!"

Das finde ich eine wunderbare Aussage, dies trifft genau den Kern. Das ist das Thema, du musst es in die Hand nehmen.

Erfolg

„Ich hätte gerne Erfolg!“ Witzig oder, das kommt mir so vor, wie wenn du in ein Lokal gehst und sagst „Ich habe Hunger!“ Was kann ein Restaurant mit deiner Aussage anfangen? Nicht viel, sie haben es zur Kenntnis genommen, dass du Hunger hast, das war es aber auch. Das reicht nicht aus, du musst klarer werden und genau sagen, was du gerne hättest. Was ist für dich Erfolg? Du musst es exakt spezifizieren und begründen. Wo fängt für dich Erfolg an und wo hört er auf? Es gibt tausend Möglichkeiten, in alle Richtungen. Wie heißt es treffend, alles ist offen und zugleich geschlossen, es liegt an dir, wie immer. Dies musst du endlich erkennen, begreifen und umsetzen. Schreibe alles auf, was für dich Erfolg bedeutet. Denke bitte daran, klar, konkret, messbar und unmissverständlich.

1.) ______________________________

2.) ______________________________

3.) ______________________________

4.) ______________________________

5.) ______________________________

6.) ______________________________

7.) ______________________________

8.) ______________________________

9.) ______________________________

10.) ______________________________

Hast du es klar, konkret, messbar und unmissverständlich zu Papier gebracht? Vielleicht nervt es dich, dass ich permanent diese vier Punkte aufführe. Das tue ich bewusst, denn es sind die vier entscheidenden Kriterien, ob etwas wird oder nicht. Ich erlebe es oft auf den Schulungen und beim Coaching, obwohl man darüber gesprochen hat, verfallen fast alle in ihr altes Grundmuster. Dieses das erste Mal zu überwinden, erfordert immense Konzentration und Kraft. Wer andere Resultate erzielen möchte, muss anders handeln und vorgehen. Mache diese Arbeit immer wieder. Gehe nie davon aus, dass es ein Mal gemacht, für dein gesamtes Leben reicht. Das würde ins Reich der Märchen gehören.

Dein Fazit: ____

Einen lieben Partner

„Ich wünsche mir einen lieben Partner!" Ist das nicht wundervoll? Ich finde das niedlich und naiv, einen lieben Partner. Was ist denn das? Soll das alles sein, was du dir wünschst? Ist dir alles andere egal? Ob klein, dick, dumm, intelligent, reich, arm, du nimmst alles, Hauptsache, er ist lieb? Bestimmt nicht, oder? „Nein, natürlich nicht" höre ich auf diese Frage. Wieso sagst du nicht genau, was du gerne hättest und setzt alles daran, um dahin zu gelangen?

„Es ist halt nicht leicht!"

Es ist einfach, wenn man weiß, wie es geht. Da sind wir wieder mitten beim Thema. Du musst zuerst haargenau wissen, was du willst und was nicht. Darauf wird aufgebaut, mit allen Möglichkeiten und reichhaltigen Facetten, die das Leben bietet. Wenn du jedoch selbst nicht klar bist, hole dir Hilfe von einem Profi.

Wenn ich etwas nicht weiß, kaufe ich mir dieses Wissen ein. Ich wäre verrückt, halb wissend durchs Leben zu wandeln. Das ist gefährlich, denn die Wahrscheinlichkeit, dass ich permanent die gleichen Fehler mache, ist und wäre mir zu groß. Du kennst bestimmt auch die Geschichte, von der Frau, die zum fünften Mal Pech hat und jedes Mal auf einen Alkoholiker hereinfällt. Nett, oder? Sie ist nicht auf so einen Mann hereingefallen, sie hat aufgrund ihres alten Musters genau das Programm „Alkoholiker als Mann“ abgespielt. Es spielt sich außerhalb der bewussten Kontrolle ab, weil man sich dessen nicht bewusst ist und die Mechanismen des Erfolgs, im positiven, wie im negativen Sinne, nicht kennt. Ich empfehle da dringend mein Buch

„Ein Millionär als Traumpartner!“

Von der ersten bis zur letzten Minute spannend geschrieben. Eine Pflichtlektüre für alle Menschen, die in einer Partnerschaft leben oder gerne eine hätten. Zusätzlich kannst du dich persönlich coachen lassen. Also, wie du siehst, du stehst nicht alleine da, musst nur eine Entscheidung treffen und los geht es.

Neues Auto

Was für eines bitte, es gibt verschiedene Autos. Wenn du nicht weißt, welches du haben möchtest, wirst du irgendeines fahren, sei klar und konkret. Nehmen wir als Beispiel meine Marke „Audi.“ Du kannst auch deine Präferenz wählen. Es geht um das Beispiel, wie man zu seinem Wunschauto kommt. Die erste Frage, die du dir stellen solltest, ist klar die Marke. Danach folgt das Modell, denn es gibt von jeder Marke, verschiedene Modelle. Willst du einen Kombi, womöglich sogar einen Geländewagen, einen Sportwagen, Limousine, Coupe oder Cabriolet? Ist das nicht wundervoll? Du hast Tausende von Auswahlmöglichkeiten.

Wenn ich da an meine Großeltern denke, zur damaligen Zeit gab es keine große Auswahl, den VW-Käfer mit einer Ausstattung, die aus heutiger Sicht spartanisch war. Gut, da gab es noch das eine oder andere Vehikel, das war es dann aber. Heute hast du eine Auswahl, das ist unglaublich und unfassbar. Wenn du deine Marke und das Modell kennst, geht es an die Motorisierung. Auch da ist das Angebot an Motoren gigantisch. Angefangen vom kleinen Vierzylinder bis hin zum Zwölfzylinder, vom Diesel, Benziner, Gas, Hybrid und Elektro. Da hast du eine immense Arbeit vor dir. Wahnsinn, was sich die Autoindustrie alles einfallen lässt. Du kannst fast ohne Begrenzung wählen. Vielleicht gehörst du jedoch zu denen, die sagen, das ist mir alles egal. Auto ist Auto, auch das ist eine Einstellung, die völlig in Ordnung ist. Wichtig ist dabei, dass es dir jederzeit bewusst ist, welche Möglichkeiten es gibt und was du dazu beitragen kannst, damit diese sich erfüllen. Das hat nichts mit Zufall und Glück zu tun.

Als ich mir vor Jahren den großen Audi gewünscht hatte, war meine Geldbörse weit davon entfernt, dass es aus der Geldbörsen-Sicht unmöglich schien, jemals solch ein Fahrzeug zu fahren. Da wären wir schon beim Thema. Es ist nicht die Frage, was ich mir im Moment leisten kann. Vielmehr ist die Frage, was ich mir klar, konkret, messbar und unmissverständlich wünsche. Das ist der Punkt, und wie man dahin kommen kann, haben schon Millionen von Menschen gezeigt. Milliarden haben es gezeigt, wie man nicht hinkommt, folglich hat es etwas mit der Einstellung zu tun.

In Urlaub fahren

Wohin möchtest du in Urlaub fahren? Was schwebt dir vor? Du hast buchstäblich Tausende Möglichkeiten. Ist das nicht wunderbar? Ich bin immer aufs Neue von unserer heutigen Zeit begeistert. Sie ermöglicht uns eine große Auswahl, wie noch nie zuvor, in der Menschheitsgeschichte. Das Angebot wird größer und größer. Das hat riesige Vorteile, bedeutet jedoch für den Einzelnen eine Komplexität, die es sogenannten Untrainierten schwer macht, überhaupt eine Entscheidung zu treffen. Aus diesem Grund ist es wichtig, dass man sich in Entscheidungen trainiert. Du darfst niemals etwas dem Zufall überlassen. Packe es an und setze es mit großem Erfolg um, du wirst dafür reichlich belohnt, führst ein zufriedenes und vor allem ausgeglichenes Leben. Lese hierzu mein

Buch „Werde endlich entscheidungsfreudiger und du führst ein glückliches Leben!“

Ein Haus bauen

Stell dir einmal vor, du gehst zum Architekten und sagst, er soll dir ein Haus bauen. Darauf sagt er zu dir „Alles klar, mache ich gerne für dich.“ Ein halbes Jahr später meldet er sich und sagt „Ihr Haus ist fertig.“ Glaubst du, derart wird es ablaufen? „Bestimmt nicht“ sagst du jetzt. „Wie soll denn das funktionieren? Er muss zuerst einmal wissen, wo und wie groß alle Räumlichkeiten sein sollen, und weitere Details.“ Merkst du was? Du wirst zuerst dem Architekten sagen, was du willst. Er wird es aufnehmen und zu Papier bringen. Dann wirst du dich oft mit ihm treffen und intensiv daran arbeiten, bis es zur Genehmigungsbehörde geht. Es ist ein langer Prozess, der da vonstatten geht, alleine bis sich all deine Zielsetzungen klar, konkret, messbar und unmissverständlich darstellen. Wie kann und soll sonst gebaut werden?

Schreibe deine zehn wichtigsten Ziele auf

Jetzt hast du darüber gelesen und dir mit Sicherheit zehnmal so viele Gedanken, in alle Richtungen gemacht. Das ist wunderbar, vielleicht fühlst du dich supergut oder sogar erschlagen. Oder dir ist so wie mir damals, bewusst geworden, welche Fehler du in deiner bisherigen Lebensführung gemacht hast. Genau, wie es das Wort „Lebensführung" aussagt, hätte ich mein Leben führen sollen, aber ich hatte „Management by Chaos!" Ich ließ mich treiben und habe mich mit anderen Spezialisten, die des Treibens genauso mächtig waren, ausgetauscht. Mit dem Ergebnis, dass das Leben wohl so sein muss. Rückblickend kann ich sagen, ich war ein Stück Treibgut, welches öfters irgendwo angespült wurde. Von einem selbst bestimmten Leben, war ich meilenweit entfernt. Ich hatte leider keine Ahnung, dass man das Leben planen kann und muss. Ich wusste nur, dass man lange in die Schule darf, danach in eine Lehre, die Jahre dauert und das war es dann, nicht gerade beglückend. Es darüber hinaus jedoch noch Möglichkeiten gibt, habe ich bei einigen Menschen gesehen. Da ich das Glück hatte, in St. Moritz aufzuwachsen, natürlich extrem. Aber das Leben war unendlich weit von meinem kleinen, gutbürgerlichen entfernt. Ich spürte damals schon, dass für mich mehr herauszuholen ist, nur der Weg bis dorthin, sollte ein langer werden.

Du bist das Allerwichtigste

Auch wenn die „Spießer" versucht haben, dich vom Gegenteil zu überzeugen. Du bist es dennoch, mit all deiner Power und Facetten. Du hast alles in dir, was es braucht, um große Dinge auf dieser Welt zu bewegen. Du musst es nutzen und dafür bereit sein, dich mit Erfolgreichen abgeben und deren Lebensgewohnheiten studieren. Solange du dich jedoch mit all den anderen

„Schnarchnasen" abgibst, wie man in der Schweiz sagt, werden dir diese immer wieder erklären, dass es eben so ist. Dort die „reichen Bonzen" die alles ergaunert und erlogen haben und auf der anderen Seite „Wir" die grundehrlichen. Man wird über die Ungerechtigkeiten sprechen, das Leben so schön sein könnte. All das nützt dir nichts, solange du diesen Fokus nicht änderst.

Erstens kommt es anders, und zweitens als man denkt

Genau aus diesem Grunde, planen die meisten nichts, weil es sich nicht lohnt und sowieso alles anders kommt. Vielleicht denkst du auch so? Weißt du, das ist nicht schlimm, denn ab heute kannst du es doch ändern. Jetzt, wo du es weißt, packe es an. Wenn du dir nicht sicher bist, ob das stimmt, überprüfe, wer es sagt. Erfolgreiche Menschen oder die anderen? Ich habe noch keinen Erfolgreichen auf dieser Erde erlebt, der solch einen Schwachsinn von sich gibt. Sonst wäre er nie soweit gekommen. Ich habe Tausende von Menschen erlebt, die das mit einer großen Inbrunst, als das allein selig machende anpreisen. Wenn du wirklich etwas in deinem Leben ändern möchtest, tue es, fange heute an und hüte dich vor solchen Schwätzern. Je heftiger die Menschen diese Thesen behaupten und verteidigen, desto mehr nimm dich in Acht vor ihnen. Sie tun dir nicht gut und hindern dich am Weiterkommen.

Entscheidend ist, was du willst

Ich erlebe es oft auf den Trainings, Schulungen und Coachings, dass die Teilnehmer sagen „Das kann ich nicht entscheiden, da muss ich zuerst meine/n Frau/Mann fragen. Seid Ihr noch zu retten! Wieso musst du deinen Partner fragen? Bist du von allen guten Geistern verlassen, so in der Abhängigkeit? Das ist sehr gefährlich! Was denkst du jetzt? Bestimmt, dass ich gut reden habe, oder? Woher ich das weiß? Nun, ich muss mich auch hier wiederholen, aus der 33-jährigen Zusammenarbeit mit Menschen. Einige sagen stimmt, das mache ich schon immer so, oder sie haben recht. Alle anderen sind entsetzt, konsterniert und verstehen die

Welt nicht mehr. „Wieso? Ich lebe doch mit meinem Partner zusammen, wir machen alles gemeinsam" das finde ich wunderschön. Und wenn der Partner eines Tages nicht mehr ist, aus welchen Gründen auch immer, stürzt du ab, auch nicht schlecht.

Vielleicht findest du das frech. Nun denn, du wirst es so sehen, wie du es sehen willst. Aus meiner Sicht ist das nicht frech, sondern aus einer anderen Perspektive gesehen. Freiheit für jeden Partner, Selbstständigkeit und keine Unterjochung. Es ist leider oft der Fall, dass der eine versucht, den anderen zu verbiegen. Ich bin mir hundertprozentig sicher, dass du diese Dinge kennst. Ich hatte das große Glück, durch meine übergroße Gutmütigkeit und meine Harmoniesucht, diese Dinge zu erleben. Witzig und nett, zum guten Glück bin ich noch zeit meines Lebens aufgewacht. Wenn dich das Thema interessiert, kaufe mein Buch „Lasse dich in deiner Partnerschaft nicht unterbuttern!" Ein spannendes Buch, in dem es um dieses Thema geht. Eines ist klar, in 99% der Partnerschaften gibt es einen Stärkeren, der den anderen manipuliert.

Wenn das alles so leicht wäre

Wieder einer dieser superklugen Glaubenssätze, den kennst du sicherlich, wendest ihn sogar an „Wenn das alles so leicht wäre, würden es alle tun!" Eben nicht, nie und nimmer, denn die meisten Menschen haben zu wenig Mut, Biss, Durchsetzungsvermögen, Visionen, Ziele, Ehrgeiz, Disziplin und eisernen Willen, ganz simpel ist das. Die meisten hätten gerne viel, sind aber nicht bereit, dafür etwas zu tun und den Preis zu zahlen. Wenn du nicht bereit bist, dich auf den Weg zu machen, wird es auch nichts. Stell dir einmal vor, du träumst davon, in irgendeiner Disziplin, die du magst, an der nächsten Olympiade teilzunehmen, das ist dein großer Traum. Du hoffst, dass es klappen wird, dich qualifizierst und vor allem die Goldmedaille gewinnst, aber du tust nichts dafür, kein Training, nichts. Was glaubst du, wie das Ganze enden wird? Logisch wirst du sagen „Ist doch klar!" Merkst du was? Du kennst dich aus, weißt hundertprozentig, dass ohne ein intensives und andauerndes Training, nichts passieren wird. Du Zuhause bleiben wirst und den Traum „Olympiade“ vergessen kannst. Wenn du es dermaßen klar verstehst, wieso machst du es mit all den anderen Dingen, die du gerne erreichen und haben möchtest?

Du musst aufwachen

Das ist meine klare Ansage an dich „It's time to wake up!“ Du hast alles in dir, alle Fähigkeiten dieser Erde vereint. Deine Software bezüglich der Einstellung zum Erfolg, das Durchhaltevermögen muss noch modifiziert werden. Da sind wir gerade dabei, wenn du es zulässt und dann geht es los. Folglich lasse dich von niemanden, auch nicht von dir, in irgendeiner Form beirren. Ziehe deine Bahnen, ohne nach rechts und links zu schauen. Trainiere eisern und diszipliniert, du schaffst es. Wenn es andere geschafft haben, schaffst du es auch.

Schreibe deine zehn wichtigsten Ziele auf

Mache es gleich, bei dieser Arbeit denke bitte an dich und deine Zukunft. Lasse deine Kinder, Mann, Frau, Eltern, Schwiegereltern, Nachbarn, Lehrer, Chef, Angestellte, Staat, Kirche und Sonstiges außen vor. „Konzentriere dich auf dich!“ Auf das, was für dich wichtig ist und notiere es. Bitte denke keinesfalls an den Weg, möge dieser noch so lange sein. Das spielt keine Rolle, also geht es ohne irgendwelche Konventionen und Einschränkungen los.

1.) ______________________________

2.) ______________________________

3.) ______________________________

4.) ______________________________

5.) ____

6.) ____

7.) ____

8.) ____

9.) ____

10.) ____

Hast du es gemacht? Klar, konkret, messbar und unmissverständlich? Schaue es dir nochmals an. Wie fühlst du dich? Bei mir war es das erste Mal Ohnmacht, denn da stand so viel und ich war weit davon entfernt. Geistig, seelisch und natürlich materiell. Ich wusste jedoch eines, wenn ich davon überzeugt bin, daran glaube und mich von niemandem beirren lasse, schaffe ich das. Leider hat es für etliche Dinge einige Jahre länger gedauert, als geplant. Aber immerhin, ich habe es erreicht und das ist die Hauptsache.

Dein Fazit: ______________________________________

Das ist doch nicht alles

Das höre ich häufig, ich finde das witzig und frage zurück, was dann im Leben wichtig wäre? Darauf erhalte ich keine vernünftige Antwort. Das muss jeder selbst wissen, wie er sein Leben auf Erden verbringt. Richtig oder falsch? Das kann nur jeder für sich beurteilen und das sollte man sich von niemandem nehmen lassen. Weißt du, es ist völlig egal, was du machst und wer du bist. Sorge dafür, dass du absolut glücklich bist und es dir gut geht. Für mich ist es erschreckend, wie wenig Menschen in diesem Zustand leben. Die meisten sind unglücklich und permanent am Jammern. Das ist abstoßend und widerlich, all den anderen Mitmenschen gegenüber. So sollte man sich tunlichst nicht auf Kosten anderer ausleben. Lese hierzu mein Buch „Höre endlich auf zu jammern!“

Welches sind deine drei wichtigsten Ziele

Du hast und davon gehe ich aus, mindestens zehn Ziele festgehalten, wähle deine drei Wichtigsten aus. Wenn du jetzt sagst „Wenn ich sie nicht erreiche, ist das auch nicht tragisch!“ Das wäre fatal, denn das ist genau die Einstellung, die du schon lange verkörperst. Dagegen willst du doch angehen, endlich und niemals aufzugeben. Wenn deine Ziele zu Beginn derart schwach sind, dass du heute daran denkst, dass es nichts ausmacht, wähle dir sofort andere. Deine Ziele müssen so brennend sein, dass du alles, aber wirklich alles daran setzt, sie zu erreichen. Es darf für dich keine einzige Sekunde der Überlegung oder Verzögerung geben. Schreibe deine drei Ziele auf.

1.) ____

2.) ____

3.) ____

Wie fühlt es sich für dich an? Vielleicht nervt es dich, dass ich permanent danach frage. Es ist jedoch das Wichtigste, auf deinem Weg zum Erfolg und zu dem Menschen, der nie aufgibt. Klar und deutlich die Gefühle abzurufen und sich darüber im Klaren zu sein, welche Befindlichkeit man sein eigen nennt. Nur wenn diese stimmen, bist du mit dir selbst stimmig und kannst eine große Meisterleistung an den Tag legen.

Dein Fazit: ______________________________________

P steht für PLAN

Nachdem du dir Zeit genommen hast, all deine Ziele festzuhalten, geht es nun ans Eingemachte, du musst planen und wie. Voller Begeisterung setzt du dich hin und legst los. Völlig frei und stets zielgerichtet, was anderes kommt für dich nicht infrage. Du lässt dich von niemandem, absolut niemandem beirren. Du gehst deinen Weg wissend, dass du nur Erfolg hast, wenn die Planung steht.

Ohne Plan hast du keine Chance

Viele Menschen versuchen, ohne Plan Großes zu bewegen. Das gelingt leider nicht, der Absturz sei ihnen gewiss. „Gut geplant ist halb gewonnen!" Diese Aussage dürfte hinlänglich bekannt sein und dennoch wird sie kaum beachtet. Ich sehe das manchmal in meinen Schweizer Bergen. Da gibt es Flachländer, die davon träumen, die hohen Gipfel zu besteigen. Aber ohne das Ganze vernünftig, mit allem was dazugehört, zu planen, um ans Ziel zu gelangen. Es lassen sich viele von ihrer Ungeduld beherrschen und stürmen sofort los. Am Anfang voller Enthusiasmus und Begeisterung, oft sogar schneller, als die relativ schwer Bepackten, die sich vorbereitet haben.

Irgendwann hängen sie in der Wand oder stürzen in eine Gletscherspalte, völlig konsterniert, geschockt und schreien um Hilfe. Wenn man Glück hat, kommt der Rettungshubschrauber rasch. Bei schlechtem Wetter kann das unter Umständen eine Nacht, oder mehrere im Freien bedeuten. Wenn man gefunden wurde, ist es aber die Frage, wo man mitfliegt, im Hubschrauber oder außerhalb. Dies als eines der möglichen Beispiele, was es bedeutet, unvorbereitet und ohne Plan loszulegen.

Wann fängst du an zu planen

Da sind wir erneut, bei einem der Problemchen der Menschheit. Man hat sich seine Ziele erarbeitet, ist mit Recht stolz darauf und freut sich, diese bald zu erreichen. Dass dazwischen einiges steht, beachten viele leider nicht, sich von alleine nichts tut, hat sich noch nicht überall herumgesprochen. Der große Traum, Glück zu haben, wie so manche, müsste bei einem doch auch funktionieren. So wartet man lieber darauf, aber etliche warten ein Leben lang auf den großen Moment, wo es endlich losgeht. Wann fängst du an, zu planen? Sofort, morgen, übermorgen, in einer Woche, in einem Monat, erst in einem Jahr oder nach Jahren, vielleicht nie?

Nun, vielleicht weißt du es noch nicht. Könnte ja sein, dass du die nächsten Nächte darüber schlafen musst, oder noch zig Menschen nach deren Meinung fragen willst. Ich möchte dir einen Tipp geben, fange heute noch an. Mache genau in diesem Moment, den ersten Schritt, jetzt hast du drei Ziele. Das sind genau zwei zu viel, denn du kannst dich am Anfang unmöglich auf alle drei konzentrieren. Suche dir deswegen dein Allerwichtigstes aus, welches dich trägt und beseelt.

Mein Hauptziel: ____________________________________

Überprüfe es nochmals, ob dem wirklich so ist? Passt es zu dir, bringt es dir etwas? Bist du beseelt, sogar besessen davon, es zu erreichen? Wenn ja, wunderbar, wenn nein, gehe erneut in die Überprüfung. Denn Schwachstromziele fordern dich zu wenig. Das ist schade, wenn du nicht mehr aus deinem Leben machst.

Wie stark bist du in der Planung

Hoffentlich nicht zu stark und vor allem kein Perfektionist, das wäre das Schlimmste, was du machen kannst. Für solch einen Menschen ist es nie gut genug. Dieser Typ Mensch wird immer etwas finden, was es zu verbessern gilt. So vergeht wertvolle Zeit, die man für Wesentlicheres nutzen könnte. Denn am Ende ist es nicht die perfekte Planung, die den Segen bringt, sondern ausschließlich das Ergebnis. Aber um Ergebnisse zu erzielen, muss man zwangsläufig Gas geben und nicht unnötig trödeln. Lieber eine halb fertige Planung und gestartet, als eine perfekte, bei der du nie anfängst, da verliert man irgendwann die Lust.

Wer hilft dir dabei

Je nachdem, was du planst und vorhast. Wenn ich ein Haus bauen will, hole ich mir vorher einen Erfolgscoach, den würde ich übrigens immer holen, denn dieser sieht alles aus einer anderen Perspektive. Erst später hole ich einen Architekten dazu, denn diese sind häufig durch ihre Tätigkeit verblendet, auch wenn Sie das nicht gerne hören. Es ist jedoch eine altbekannte Tatsache, dass man mit der Zeit leider ein wenig betriebsblind wird und deshalb der Fokus nicht optimal ist.

Das ist fatal, denn es geht um eine größere Geschichte und nicht um eine kleine Holzhütte. Schließlich möchte ich ein paar Jährchen darin verbringen. Gewöhne dir an, einen Vollprofi auf dem Gebiet und einen Erfolgscoach dazu zu nehmen. Beide helfen dir, zügiger voranzukommen. Wichtig ist, dass du dir Erfolgreiche auswählst. Oft sind wir versucht, uns aus Kostengründen lieber in nächster Nähe umzuhören. Es soll und darf aber nichts kosten. Das Thema ist einfach, wenn du nicht bereit bist, das kostbarste Saatgut zu kaufen, darfst du nicht erstaunt sein, wenn die Ernte schlecht ausfällt. Das ist alles und es obliegt ausschließlich deiner Entscheidung. Darum ist deine Entscheidungskraft, eine der wichtigsten in deinem Leben. Lese hierzu mein Buch „Trainiere deinen Entscheidungsmuskel!“ Ich kann dich ein wenig beim Lesen des Buches leiten und dir Informationen geben, aber die richtige Beratung und Betreuung, erfährst du bei einem der Seminare oder wenn du dich von mir coachen lässt.

Jetzt starten wir mit der Planung

Ich werde oft als „Mister Gnadenlos“ bezeichnet. Nun denn, die Sache ist einfach. Ich habe das Buch geschrieben, um den Menschen, unter anderem auch dir zu helfen, deinen Weg, mit viel Erfolg zu gehen und niemals aufzugeben. Du hast das Buch gekauft, weil es dich angesprochen und inspiriert hat, folglich haben wir damit einen gemeinsamen Nenner, das ist doch wunderbar. Genau daran werden wir arbeiten. Schreibe alles auf, was du tun musst, um dein Ziel zu erreichen. Nenne jeweils zu jedem Schritt, den Beginn und das Ende. Sage bitte nicht, dass das nicht leicht ist, denn das interessiert niemanden.

Maßnahmen	**Start**	**Ende**
1.) ______________________	________	________
2.) ______________________	________	________
3.) ______________________	________	________
4.) ______________________	________	________
5.) ______________________	________	________
6.) ______________________	________	________
7.) ______________________	________	________
8.) ______________________	________	________
9.) ______________________	________	________
10.) _____________________	________	________

Wie fühlt es sich für dich an? Wird es dir vor lauter Machen und Tun schlecht oder erträgst du es noch? Das Problem der meisten Menschen ist, dass sie ein wenig planen, jedoch völlig vergessen, einen Zeitfaktor zu nennen. Das Zeitfenster ist von Wichtigkeit, sagt es doch aus, wann wir damit starten und das Ende eingeläutet wird. Das kennst du, ohne Zeitrahmen, wird es zur ewigen Geschichte. Wie oft hast du in deinem Leben schon etwas geplant und nie fertiggestellt? Dies gilt es auf dem Weg zum Top-Erfolgreichen, auf alle Fälle zu vermeiden.

Dein Fazit: ______________________________________

Wann legst du mit welcher wichtigsten Maßnahme los

Komme zu einer klaren Entscheidung. Das ist übel, wenn du dich damit quälst. Soll ich oder soll ich nicht? Das ist bestimmt nicht die Frage. Wenn du nämlich dein Ziel erreichen willst, gibt es nur eines, Vollgas geben und nie zu warten. Das wäre fatal, denn das Kostbarste, was du hast, deine Zeit, geht dadurch flöten. Was vergangen ist, kannst du niemals einholen. Halte die wichtigste Maßnahme fest und wieso?

Meine wichtigste Maßnahme: ________________________

Wieso ist das die Wichtigste: ________________________

Viel Spaß bei der schnellen Umsetzung. Denke daran, dabei bleiben, bis es von Erfolg gekrönt ist und dann geht es weiter.

Dein Fazit: ______________________________________

Die 0-Stunden-Regel

Die meisten kommen nie über die Planungsphase hinaus. Das ist fatal, denn dadurch werden wunderbare Dinge auf dieser Erde leider nie verwirklicht, weil man nicht imstande ist, die Punkte konsequent und mit dem nötigen Ehrgeiz umzusetzen. Was hast du davon, wenn du deine Pläne mit ins Grab nimmst? Gibt dir das ein gutes Gefühl? Ich kann es mir nicht vorstellen. Manövriere dich nie in solch eine Situation hinein, denn sie schadet dir, du musst auf dich aufpassen. Jetzt, wo du volljährig bist, darfst du das nicht mehr deinen Eltern überlassen. Du bist für dich selbst verantwortlich. Also tue es und hänge nicht jammernd herum, in dem du auf ein Wunder wartest. Das Leben, vor allem deines, ist zu wertvoll, um so zu leben.

Wieso planst du so lange

Fast alle Menschen planen und planen. Je länger sie planen, desto mehr Zweifel steigen auf. Dann machen die meisten den kapitalen Fehler „Erfolglose" zu fragen „Na, was meinst du?" Da über 98% der Menschheit negativ Denkende sind, was soll dabei herauskommen, natürlich Negatives. Stelle dir vor, ich hätte auf diese klugen Berater gehört. Weißt du, was ich heute wäre, Zugschaffner oder Briefträger. Ich habe nichts dagegen und bin froh, dass es Leute gibt, die diesen Beruf ausüben. Für mich war es jedoch ein Ding der Unmöglichkeit. Es würde keine Crameri-Naturkosmetik, Doggy-Wellness, Baby-Wellness, Trendsetter-Behandlungen und Weiteres geben. Genauso wenig, wie die gesamten Bücher. Zum guten Glück war ich stur, und wenn jemand meinte „Das wird nichts" hat es mich erst recht angestachelt.

„Das schaffst du, das wäre ja gelacht!"

Dabei ballte ich die Faust und ging weg, in der vollen Überzeugung, ein Gewinner zu sein und zu bleiben.

Frage Vollprofis, die Erfolg haben

Von allen anderen kannst du nur lernen, wie es nicht geht und man nicht zum Erfolg gelangt. Auch ich gehörte am Anfang zu dieser Sorte Menschen, die jeden fragten. Mit dem Resultat, dass ich unsicher wurde. Sich zum Schluss Zweifel und Ängste daraus entwickelt haben, ich lieber nichts gemacht habe. Wenn ich doch etwas getan habe und es nicht funktionierte, war mir der Spott von all den Ungläubigen gewiss. „Wir haben es dir gleich gesagt, wer nicht hören will, muss fühlen!" Ich kenne eine Menge Leute, die hatten tolle Ideen und sind bereits an der Planung gescheitert.

Weshalb bist du inkonsequent

Vielleicht hast du es nie gelernt, anders zu sein oder du hast keine Lust dazu? Vielleicht bist du lieber eine Jammertante oder ein Jammeronkel. Nun denn, es steht dir frei, darüber eine Entscheidung zu fällen. Jedem geschehe nach seinem Glauben „Amen!" Hört sich gut an oder? Wie kann man derart durchs Leben gehen? Halb wartend und in der unendlichen Hoffnung, dass sich die große Nummer auftun möge. Es gibt für dich zwei Möglichkeiten, entweder du tust es oder lässt es, dazwischen gibt es nichts.

Klar, konkret, messbar und unmissverständlich

Innerhalb von 0 Stunden muss deine Devise lauten, nach dem Motto „Ich habe eine Vision, eine Idee und ein Ziel!" Sofort hinsetzen, aufschreiben, in die Grobplanung gehen und die ersten Schritte einleiten. So sollte es in Zukunft für dich laufen und nicht warten und warten. Auch wenn du ein ängstlicher Mensch sein solltest, hole dir einen erfolgreichen Coach, der dich führt, leitet, fordert und fördert. Wie es letztlich alle Erfolgreichen dieser Erde tun. Jeder Spitzenathlet und Manager hat einen Trainer.

T steht für TUN

Ich frage die Menschen häufig auf den Seminaren, wie man Erfolg buchstabiert. Sie sagen es alle mit folgenden Wortlaut „E r f o l g!" So buchstabiert man Erfolg nicht. Erfolg buchstabiert sich folgendermaßen „T U N!" Genau damit haben die meisten Schwierigkeiten. Erfolg haben möchten fast alle, genau wie reich sein. Dass man dafür etwas tun muss, scheint völlig unklar zu sein. Das ist überhaupt nicht im Programm vorgesehen. Ich finde das fatal, vom Erfolg zu träumen, sich danach zu sehnen und die eigene Seele dermaßen in die Enttäuschung zu schieben. Wahnsinn, sich zu betrügen und Dinge vorzuspielen, die sein werden, ohne jemals anzufangen und alles daran zu setzen, die Ziele auch zu erreichen. Die Leute wünschen lieber, anstatt zu tun, deswegen gehört die Welt den Fleißigen.

Das Tun

„Ich würde schon gerne" und dann kommt eine Kette von Alibigeschichten, wieso und warum gerade jetzt nicht. Schlimm? Nein, ich finde es eher seltsam, dass man sich betrügt, das ist alles. Es der eigenen Seele dabei nicht gut geht, den Geist in Mitleidenschaft zieht, das wollen wir nicht näher betrachten. Es ist schlussendlich der Grund, wieso viele total frustriert durch die Welt laufen, sich im Stich gelassen fühlen und über alles schimpfen. Alle sind verantwortlich dafür, dass es ihnen besser geht. Vor lauter Hetztiraden und Hass sehen sie jedoch nicht, dass sie das Übel sind. Nun denn, wie heißt es treffend

„Jedem sein Himmelreich oder die Hölle hier auf Erden!"

Diesen Satz finde ich wunderbar, da müssen wir nicht warten, bis wir sterben, ob es dann in den Himmel oder in die Hölle geht.

Abwarten, dass sich etwas tun möge

„Schauen wir mal" diese Aussage finde ich gut. Schauen, ob und was sich tun wird. Das ist eine gute Einstellung, aus der Passivität heraus zu hoffen und zu sehen, dass sich möglichst viel tun möge. Der Traum von fast allen Menschen, im Paradies leben zu können, ohne Gegenleistung. Wunderbar die Vorstellung, aber wir leben hier auf Erden. Da läuft das Ganze etwas anders und es geht um andere Prinzipien. Wer das begreift und sich zu eigen macht, lebt in der Tat ruhiger und zufriedener. Wer sich dagegen wehrt und meint, es ginge auch anders, lebt ein hartes und unnachgiebiges Dasein. Es gibt einige Spielregeln, die sogenannten Naturgesetze. Wenn ich mich an diese halte, geht es mir gut, und wenn ich gegen diese verstoße, habe ich stets die Wirkung, meiner vorausgegangenen Taten und Gedanken. Das ist nicht kompliziert, im Gegenteil, es ist das alte Spiel, von Ursache und Wirkung. Anders ausgedrückt, von Aussaat und Ernte. Du wirst das ernten, was du gesät hast. Aus diesem Grund, sei bei deiner Aussaat wachsam.

Verschieberitis, eine schwere Krankheit

Verschieberitis ist in der Tat eine schwere Krankheit. Die medizinisch Gebildeten, wissen was die Endung „itis" bedeutet. Es ist ein entzündlicher Prozess im Körper, der nicht behoben, leicht chronisch wird. Hören Sie auf, in Zukunft etwas zu verschieben, das ist ungesund. Du kannst hierzu auch mein Buch lesen „Hast du auch diese schlimme Krankheit Verschieberitis!" Nimm es nicht auf die leichte Schulter, auch wenn es sich für dich lustig anhören mag, es ist alles andere als das. Durch solch ein Verhalten kommt es zu ernsthaften Störungen, der gesamten Befindlichkeit. Es ist unklug, so vorzugehen. Du kennst bestimmt den Ausdruck „Was du heute kannst besorgen, verschiebe nicht auf morgen!" Genau das trifft es auf den Punkt. Verschieben ist in der Tat falsch, es führt zu keinen Ergebnissen. Dann sind die meisten total enttäuscht und sprechen von der Ungerechtigkeit des Lebens. Das darf doch nicht wahr sein, oder? Der Mensch baut Müll, beschwert sich darüber und ist entsetzt, dass er der Leidtragende ist. Dabei hat er es durch seine Unwissenheit verursacht.

„Aufwachen, aufwachen und nochmals aufwachen!“

Das ist die Devise, nicht schlafen und sich belügen. Genau dies muss endlich ein Ende haben.

Viele unerkannte Genies liegen auf den Friedhöfen

Es ist traurig, wenn man Fähigkeiten mitbekommen hat und so wenig daraus macht. Wir leben weit unter unseren Fähigkeiten. Wir könnten mehr bewegen und Gutes für die Allgemeinheit tun. Was machen wir? Wir trödeln in der Gegend herum und warten. Lassen uns unsere Ideen durch dumme Fragen an Menschen, die keinen Erfolg haben kaputtmachen, und kapitulieren eines Tages. Das gilt es zu vermeiden, denn es darf niemals sein, dass du in irgendeiner Form aufgibst. Du bist auf die Welt gekommen, um erfolgreich zu sein, folglich setze alles daran. Du musst unbedingt dafür Sorge tragen, dass du eines Tages nicht zu den unzähligen Genies gehörst, die auf den Friedhöfen liegen. Die leider zeit ihres Lebens niemand entdeckt hat, das wäre fatal.

Wie lange willst du warten

Merkst du was, es geht immer um das Gleiche. Man möchte gerne, und dann lässt man sich von unnötigen Dingen blockieren. Bevor man sich umsieht, sind bereits etliche Monate oder sogar Jahre vergangen. Ich gehe davon aus, dass du nie mehr warten wirst. Gewöhne es dir an, sofort die ersten Schritte einzuleiten. Du kennst es doch aus deinem Leben, von der Aussaat bis zur Ernte, vergeht viel Zeit, bis es soweit ist. Du weißt auch nicht, wie lange du leben wirst. Aus diesem Grunde bleibe dabei und erledige all die Dinge, die du schon lange machen wolltest.

Zweifel steigen auf

Je länger man wartet, je mehr Leute man fragt, desto mehr Zweifel kommen hoch. Wie heißt es treffend, Zweifel sind die Verräter. Hüte dich davor, gib ihnen keinen Raum, dadurch lebst du leichter. Zweifel muss man sofort an der Wurzel packen und nicht erst im Nachhinein, wenn sie voll ausgewachsen sind. Da hast du kaum eine Chance, etwas zu ändern.

Ängste blockieren und verhindern es endgültig

Wenn Ängste aufsteigen, erinnern diese mich an den Bodennebel in einem Sumpf, der langsam aus dem Boden hervor kriecht und eine gespenstische Stimmung verbreitet. Ängste sind das furchtbarste, was passieren kann. Für mich ist es erstaunlich, wie viele Menschen unter Ängsten leiden und es werden immer mehr. So viel Unbewältigtes schleppen sie mit sich herum. Die Arztpraxen sind mit Angstpatienten überfüllt, dabei müsste es nicht soweit kommen.

Tag und Nacht

Das Wort „Tun" ergibt getrennt, in einzelne Buchstaben nachfolgendes Bild.

T ag
u nd
N acht

Daran solltest du dich halten. Es nützt nichts, wenn du ein wenig am Tage herumbastelst und abends weiterhin mit deinen gesamten Problemen ins Bett gehst. Denn diese werden dadurch nicht besser, sondern verschlimmern sich. Das Einzige, was du abends mit ins Bett nimmst, ist womöglich dein Partner, ansonsten nichts. Hänge die Probleme an einen Nagel, vor der Schlafzimmertür. In dein Bett gehst du mit deinen wunderschönen Zielen und Visionen. Auch wenn du im Moment denkst, dass es Unsinn ist, gib dir wenigstens die nächsten acht Wochen die Chance, es umzusetzen, damit du erleben kannst, was passiert. Auch ich bin in etlichen Dingen ungläubig. Dennoch habe ich mir seit Langem angewöhnt, bevor ich alles kategorisch ablehne, es vorher zu tun und mir die Chance zu geben, dass es zutrifft. Das Ganze natürlich nur, wenn es die Veränderung wert ist, ansonsten tue ich es nicht.

Nicht unnötig Trödeln

Wenn du das Ganze von unten nach oben liest, ergibt sich folgendes, nettes Bild

T rödeln
u nötig
N icht

Genau das ist die Geschichte, nicht zu warten und niemals zu trödeln. Denke daran „Chancen gehen nie vorüber, sie werden nur von anderen weggeschnappt!“ Möchtest du da ewig hinterher schauen, das glaube ich nicht.

Gib Gas

Wie oft höre ich die Leute sagen „Ich warte auf den richtigen Augenblick!“ Das ist schlimm, so etwas zu sagen, denn die Zeit war noch nie so gut oder so schlecht, wie gerade jetzt. Sie ist so gut, wie das, was du daraus machst. Du bist der Zuständige für das Ganze, verschlafe nicht deinen Auftritt. Denke daran, dein Leben ist keine Generalprobe, sondern die Uraufführung, du bekommst keine zweite Chance. Was du abgeschossen hast, ist aus und vorbei. Zeit kannst du weder sparen noch kaufen. Du kannst sie nutzen und das sofort. Wenn ich meine Bekannten, aus meiner Heimat höre, sagen diese „Du hast halt Glück gehabt!“ Da muss ich herzhaft lachen. Mein Glück war, dass ich ein wenig mehr gemacht habe, als die anderen. Wenn die in Feierabend oder ins Wochenende gingen, habe ich noch ein wenig zugelegt. Das mit Spaß und Freude an der Sache, stets die große Vision vor Augen.

„Just do it“

Wie sagen die Amerikaner „Just do it" tue es einfach. Die Deutschen müssen das Ganze überprüfen, ob es da nicht irgendwelche Gesetzestexte dazu gibt, die vielleicht das eine oder andere, in irgendeiner Form reglementieren könnten. Wenn man alles überprüft hat, könnte man an die Umsetzung gehen. So ähnlich sind die Schweizer, ihr Hauptslogan ist „Amol luaga!" Dass da heißt „Schauen wir mal!" Toll, und wenn sie nicht gestorben sind, schauen sie noch heute. Ist das nicht klasse? Nein, natürlich nicht, es ist fatal, was hier passiert. Aus dieser Falle musst du entfliehen, so schnell wie möglich in eine andere Dimension hinein. Tue es, bevor dein vertracktes Denken anfängt, sich zu manifestieren.

Du kannst noch lange genug schlafen

Das ist Unsinn, auf so eine absurde Idee zu kommen, dass man als Erfolgreicher keine Zeit mehr hat, zu leben und das Familienleben dabei kaputtgehen würde. Solche Gedankengänge können nur in Köpfen entstehen, die nicht wissen, was Erfolg ist. Die gerne ihre Weisheit missionarisch über die Menschen verteilen und sich dabei unendlich gut vorkommen, wieder ein paar arme Seelen an ihrem Fortschritt und Erfolg gehindert zu haben. Das gibt neue Munition, um die eigene Meinung zu untermauern. Alles ist möglich, wenn du es zulässt und anfängst. Letztlich ist es egal, was du machst, es zählt deine Glückseligkeit. Das ist alles und es ist deine Pflicht, dahin zu gelangen, ohne irgendwelche Alibi- oder Opfergeschichten. Du hast alles in dir, es zu verwirklichen.

Habe Geduld mit dir

Bitte sei geduldig und konsequent mit dir, sonst führt es zu nichts, alles andere ist ein Herumgeplänkel. Wenn es nicht sofort funktioniert, sei dennoch sehr höflich zu dir und beschimpfe dich nicht. Das tun die meisten fortlaufend, denn wir stehen in einem ständigen Dialog mit uns. Passe die nächsten Tage auf, auf welchem Niveau du mit dir kommunizierst. Du würdest erstaunt sein, wenn ein anderer Mensch derart mit dir reden würde. Das gäbe sofort massiven Ärger, würdest du dir nie bieten lassen.

Lasse dich von niemandem beirren

Das möchte ich dir besonders ans Herz legen. Die meisten Menschen sind begnadete Manipulatoren, deren liebstes Hobby es ist, andere ändern zu wollen und diese in die eigene Richtung zu drücken. Denn gefügige und gehorsame Menschen sind leichter zu führen und einem stets untertan. Hier brauchen wir nur unsere Geschichte zu verfolgen. Je dümmer ein Volk ist, desto leichter ist es zu lenken. So wie es im Großen passiert, geschieht es im Kleinen. Eltern manipulieren ihre Kinder und Partner manipulieren sich gegenseitig, wobei es immer einen Stärkeren gibt und folglich einen, der nachgibt. Das ist nicht gut für eine Beziehung.

Partnerschaft heißt, in Freiheit miteinander zu leben und bestimmt nicht in Knechtschaft, das verstehen viele leider nicht. Den Manipulatoren ist es egal, komme was da wolle. Sie haben ein Durchhaltevermögen und eine Energie, worüber ich immer wieder erstaunt bin. Wenn all diese Leute ihre Energie für sich verwenden würden, wäre auf der Welt Harmonie pur. Aber nein, man quält auf subtile Art und Weise lieber die anderen. Das macht Spaß und Freude, diese Art der Perversion auszuleben. Wie oft hast du schon gehört „Dem zeige ich es!" Hierüber habe ich zwei Bücher geschrieben „Entlarve sofort deine Beeinflusser" und „Töchter, nabelt euch endlich von den Müttern ab!" Gehe deinen Weg und du wirst glücklich und zufrieden sein. Tue es ab jetzt....!

Du schaffst das, was denn sonst

Auch wenn alle anderen um dich herum meinen, dass du das nie schaffen wirst. Ich weiß es, dass du es mit Bravour meisterst. Du musst dich nur auf den Weg machen, dein Ziel vor Augen haben und weder nach rechts noch nach links schauen, denn da gibt es leider viele Störenfriede. Hole dir einen Erfolgscoach zu Hilfe, der für dich da ist, dich fördert und fordert. So hast du die Gewissheit, einen unabhängigen Menschen an deiner Seite zu haben, der dir hilft und dich stark macht. Genauso wie es alle anderen Erfolgreichen auch tun. Nur Otto-Normalbürger meint, alles alleine tun zu können und zu müssen. Oder er fragt aus Unkenntnis und aus Angst vor den Kosten, Leute aus den eigenen Reihen. Das ist ungesund und führt nicht ans Ziel. Natürlich gibt es Ausnahmen, die kannst du jedoch an einer Hand abzählen.

Learning by doing

So lautet die Devise, mit einem Erfolgscoach zusammen, gehst du die Dinge Schritt für Schritt durch. Lernen durch Mitmachen, das ist genau das Gegenteil der Fraktion, lange lernen, studieren und dann vielleicht irgendwann einmal anfangen. Im Tun entstehen die Erfolgserlebnisse, alles andere können wir vergessen, mache es zu deiner Devise. Nur angewandte Praxis führt zum Erfolg. Packe es Tag für Tag an und gehe unbeirrbar deinen Weg.

K steht für KONTROLLE

Das vergessen fast alle auf dem Weg, in ein glückliches Leben. Wenn es jemand mit den Zielen gepackt hat, ist er weiter als die meisten. Die Planung fertigbringt, dann ist er noch besser, anfängt und konsequent dabei bleibt, ist er die rühmliche Ausnahme. Bis hier klappt es meistens, nur die Kontrolle wird leider außer Acht gelassen. Diese ist nicht so wichtig, wird ignoriert. Aber genau da muss unbedingt angesetzt werden. Klar, konkret, messbar und unmissverständlich, ist es erforderlich, von der ersten Minute an dabei zu bleiben.

Das vergessen die meisten

In 99% der Fälle wird überhaupt keine Kontrolle durchgeführt. Dies ist mit ein Grund, wieso es viele Firmen aus den Angeln hebt. Im Schnitt machen nach einem Jahr bereits 95% ihren Laden dicht, weil sie keine Kenntnisse von der Materie besitzen. Sie haben ein Ziel, das ist ein eigenes Geschäft. Dann wird halbherzig geplant, vielleicht geht man womöglich noch auf eines dieser relativ komplizierten Existenzgründungs-Seminare und fängt an, ohne jedoch von der Vielfältigkeit des Ganzen Kenntnis zu haben. Man hofft, dass es irgendwie laufen wird. Sobald die ersten Schwierigkeiten auftauchen, ist man schnell dabei, aufzugeben. Das ist schade, denn durch die eingebauten Kontrollmechanismen hätte man einiges direkt auffangen können.

Du musst zu jeder Zeit wissen, wo du stehst

Wer nicht weiß, wo er steht, weiß auch nicht, was zu tun ist und wohin die Reise zu gehen hat. Das ist wie Autofahren, im dichten Nebel, kein schönes Unterfangen und gefährlich. So geht es mit allen Bereichen unseres Lebens. Wir müssen stets die Kontrolle haben, fangen wir mit unserer Gesundheit an. Wie ist der Zustand und wo haben wir gewisse Schwächen? Wie gefährlich könnten die uns werden? Was ist dagegen zu tun? Wie lange dauert es? Was kostet das? Dann unser Geist, wie fit ist er? Was fehlt ihm? Wo müssen wir ansetzen, weil es sogar problematisch werden könnte? Mit unserem Geld haben wir auch eine dieser chaotischen Situationen. Fast alle haben zu wenig Geld. Jedoch kommt kaum einer auf die Idee, bis eben auf die Reichen, dies zu überprüfen. Wie viel Geld habe ich wirklich? Wie hoch sind meine Ausgaben und Einnahmen? Wo kann und muss ich etwas ändern? Denn um sich ein Vermögen aufzubauen, muss auf der einen Seite gespart werden und auf der anderen müssen höhere Einnahmen her, sonst funktioniert der Vermögensaufbau nicht. Es gibt noch andere Dinge, die zu beachten sind, packe es mit Bravour an.

Die Position ist wichtig

Es ist keine Frage der Lust oder Unlust, es ist ein absolutes Muss. Stell dir vor, du fliegst mit dem Flugzeug über den Atlantik und plötzlich spricht der Kapitän über Funk „Meine sehr geehrten Damen und Herren, wir haben ein kleines Problem, wissen nicht, wo wir sind, haben völlig die Orientierung verloren. Machen sie sich keine Sorgen, wir haben noch für etwa zwei Stunden Treibstoff. Keinen Grund zur Beunruhigung, wir schauen, was wir machen können. Also, entspannen sie sich, trinken sie ein Glas Champagner, auf einen guten Flug!“ Du würdest dich sicherlich entspannt zurücklehnen, hast dir schon immer solch ein Abenteuer gewünscht. Endlich ist es soweit, was denkst du, wird es so sein? Bestimmt nicht, du wirst Panik bekommen. Merkst du annähernd, wie wichtig es ist, die Kontrolle überall zu behalten und niemals etwas dem puren Zufall zu überlassen?

Überlasse nie etwas dem Zufall

Wenn du so arbeitest, wirst du nie Erfolg haben. Du verlierst den Überblick, bekommst Panik, der Weg bis zum Aufgeben ist ein kurzer Augenblick und dann war es das. Schade, denn eines hat sich gezeigt, der Weg bis ans Ziel war häufig nicht mehr weit.

Aber wenn du vorher aufgibst, funktioniert es nicht. Leider ist es so, dass fast alle zu früh aufgeben. Stell dir vor, alle Erfinder dieser Erde hätten zu früh aufgegeben. Siehe als Beispiel Gutenberg mit seinem Buchdruck, dann könntest du nicht das Buch in der Hand halten. Es gäbe keine Autos, Flugzeuge, elektrisches Licht, Computer und vieles mehr. Zum guten Glück, waren immer Menschen, mit einem eisernen Durchhaltevermögen am Werk.

Wenn ich an Alva Edison denke, der oft verspottet wurde und sich durch niemanden hat beirren lassen. Oder an die Menschen in meiner Heimat, wo es zu einer kantonalen Abstimmung kam, ob Autos überhaupt zugelassen werden sollen. In einigen Schweizer Kantonen war das erlaubt, in Graubünden damals noch nicht. Also mussten diese von einem Pferd gezogen werden. Als es genehmigt war, wurden die ersten Autos mit Steinen beworfen, weil man sie für Teufelswerkzeug hielt. Das wäre heute undenkbar, dabei ist es erst ein paar Generationen her.

Nimm dein Leben in deine Hände

Nimm es in deine Hände. Du gehst deinen Zielen in der Gewissheit nach, dass alles woran du fest glaubst und dich dafür einsetzt, in Erfüllung geht. Komme weg von dem Irrglauben, dass man nichts beeinflussen kann. Du hast es in deinen Händen und das ist ein Traum. Ich bin dankbar, solch ein Leben, mit verschiedenen Möglichkeiten geschenkt bekommen zu haben.

Controller

In jeder größeren Firma gibt es eine Controlling-Abteilung. Das sind Menschen, die man nicht mag. Sie sind penetrant und legen den Finger immer in die Wunde. Sie überlassen nie etwas dem Zufall und gehen jeder Kleinigkeit auf den Grund, wollen es genau wissen. Diese Leute sind nicht beliebt, dennoch für die Firma und deren Fortbestand wichtig. Du hast aber keinen Controller, der dich überprüft, musst es für dich organisieren.

Kontrolliere dich täglich

Trage es sofort in dein Terminbuch ein, dass du dir jeden Tag einen festen Zeitpunkt vornimmst, an dem du genau das machst. Kontrolliere, wie weit deine Fortschritte gediehen sind, was noch fehlt und wieso du eventuell die Ziele nicht erreicht hast, die du dir für den Tag vorgenommen hattest. Wenn du es aber wie die meisten, erst Ende des Jahres, an Silvester machst, ist es zu spät. Der Tag ist wirklich die kleinste Einheit, um alles in Griff zu bekommen. Was passiert sonst? An einem Tag etwas nicht erledigt, am nächsten wieder verschoben und dadurch summiert sich das im Laufe einer Woche, zu einem riesigen Berg. Im Laufe von Monaten, wird es beinahe zum unüberwindbaren Hindernis. Folglich heißt es tägliche Kontrolle, getreu dem Motto „Wehret den Anfängen!"

Erfolgreiche haben es im Griff

Erfolgreiche haben das exzellent im Griff. Sie überlassen nichts dem Zufall, darum sind sie auch erfolgreich. Wer alles schleifen lässt, darf nicht erstaunt sein, wenn die Dinge schief laufen und die Ergebnisse katastrophal sind. Lerne von den Erfolgreichen und nie von den Erfolglosen, denn diese können dir nur zeigen, wie es nicht funktioniert. Folglich greife buchstäblich mit voller Inbrunst deines ganzen Seins an. Du schaffst es, wenn du es möchtest. Es liegt in deinen Händen, was daraus wird.

Hüte dich vor der Aussage „Hätte ich doch!“

Es ist das Schlimmste, was du dir in solch einer Phase antun kannst, dich hinein zu manövrieren. Du kennst bestimmt solche Aussagen zur Genüge, vor allem ältere Menschen verwenden sie. „Hätte ich doch damals nur.....! Dann wäre heute alles anders!“ Das empfinde ich als grausam, wenn man so etwas sagen muss. Sorge unbedingt dafür, dass du hier nie hineinkommst, es ist zerstörerisch. Es macht dich krank und unglücklich, hüte dich davor. Lebe dein Leben intensiv, dass du nie an diesen Punkt gelangst. Wie viel schöner ist es doch, wenn du sagen kannst „Ich habe mein Leben großartig gestaltet und alle Register gezogen, die es zu ziehen gilt. Ich habe nichts ausgelassen, das schönste Leben auf dieser Erde gelebt und freue mich über jeden Tag, den ich noch erlebe!“ Wie hört sich das für dich an? Wundervoll, oder? Jetzt kannst du natürlich hingehen und sagen „Wenn das so leicht wäre, das wäre wunderbar!“ Aber so kommst du nicht weiter, du musst fest an dich und dein Leben glauben.

Laufe nicht da hinein

Das hat nichts mit Glück zu tun. Hoffen solltest du auch nicht, denn darauf etwas aufzubauen, ist wie in der Wüste auf Treibsand, ein Haus zu bauen, es wird einstürzen. Es ist durch die Vorbilder, die wir in den eigenen Reihen haben, nicht leicht dagegen zu steuern. Im Gegenteil, es wird zur Belastung und verengt den eigenen Fokus. Es schaut fast so aus, als wäre das reine Normalität, dem ist nicht so. Alle Erfolgreichen beweisen, dass das Leben anders sein kann.

Du bist für dich verantwortlich

Ich finde es wunderschön, dass wir für uns verantwortlich sind. Wir können niemandem die Schuld in die Schuhe schieben, denn letztlich geht es mit uns nach Hause. Wir werden uns ein ganzes Leben lang haben. Wir müssen mit uns auskommen und sollten uns durch unsere ganze Denk- und Handlungsweise, stets in die Augen blicken können. Stolz auf das Geleistete zu sein und Power zu besitzen, niemals aufzugeben, sind zwei der größten Tugenden, die ein Mensch haben kann.

„Du hast alles in dir!"

Jetzt musst du noch deinen Geist davon überzeugen und dich niemals von deinem Unterbewusstsein lenken lassen. Dann funktioniert das wunderbar und du bist einer der glücklichsten Menschen auf dieser Erde. Das hat nichts mit dem Äußeren zu tun, sondern ausschließlich mit deiner Einstellung und der daraus resultierenden Umsetzung, der notwendigen Dinge.

Vorwürfe sind bescheuert

Ich finde diese Arie mit den Vorwürfen abscheulich. Die Menschen sind förmlich darauf spezialisiert, sich Vorwürfe zu machen. Nun denn, wenn du anderen Vorwürfe machst, hast du wohl keine sinnvolle Lebensaufgabe. Wenn du welche gemacht bekommst, kannst du dir das verbieten? Wenn du dir selbst Vorwürfe machst, stimmt etwas nicht. Das tut man nicht, sich klein zu halten, was hast du davon? Geht es dir gut dabei? Was für eine Abartigkeit lebst du dadurch aus? Bist du ein verkappter Masochist? Vielleicht findest du das frech. Das macht nichts, denn so solltest du nicht mit dir umgehen. Betrachten wir die Situation expliziter. Schreibe alles auf, was du von dir denkst und wie du mit dir sprichst. Das ist von großer Bedeutung, denn wir Menschen stehen in permanenter Kommunikation mit uns selbst.

1.) ____

2.) ______________________________

3.) ______________________________

4.) ______________________________

5.) ______________________________

6.) ______________________________

7.) ______________________________

8.) ______________________________

9.) ______________________________

10.) ______________________________

Was empfindest du? Ich hoffe, dass du nicht angefangen hast, die Dinge zu beschönigen, vor lauter Angst, dich womöglich zu blamieren. Eine der Befürchtungen ist, man könnte sich blamieren. Was die anderen wohl über einem denken? Dazu sei gesagt, die anderen denken eh, was sie wollen. Du hast zum guten Glück keinen Einfluss darauf, Gedanken und Meinungen sind frei. Also musst du keine Kür laufen. Sei ehrlich, Selbsterkenntnis ist der erste und zugleich beste Schritt, in ein selbstständiges und freies Leben. Überprüfe nochmals deine Aussagen, wenn du etwas verändern möchtest, tue es sofort.

Dein Fazit: ______________________________

Wieso bist du teilweise böse zu dir

Was hast du davon? Ist es vielleicht eine Form der Selbstbefriedigung, sich klein und unscheinbar zu halten? Ich hoffe nicht, das wäre fatal. Auch wenn es dir vielleicht im Laufe von vielen Jahren, Spaß macht. Das ist nicht das Naturell, mit dem du als kleines Kind gestartet bist. Hundertprozentig nicht, da warst du ein lebensfrohes und natürliches Menschenkind. Da musst du wieder hinkommen, dass du für dich das Wichtigste auf dieser Erde bist, auch wenn man es dir ausgeredet hat, von wegen „Sei nicht so egoistisch." Oder „Nicht immer nur du" und weitere dumme Sprüche, von den klugen Erwachsenen. Jetzt, wo du groß bist, kannst du entscheiden und das solltest du unbedingt.

Gehe höflich und lieb mit dir um

Schätze und lobe dich, wenn etwas nicht so hingehauen hat, bist du nicht die „blöde Kuh" oder der „Blödmann." Da hast du zu wenig trainiert, das ist alles. Gib dir eine Chance, es beim nächsten Mal mit Bravour zu meistern und es wird dir immer öfters gelingen. Notiere jetzt deine Höflichkeiten.

1.) ______________________________

2.) ______________________________

3.) ______________________________

4.) ______________________________

5.) ______________________________

6.) ______________________________

7.) ______________________________

8.) ______________________________

9.) ______________________________

10.) ____

Wie fühlst du dich danach? Doch wesentlich besser und auch mit Stil. Das ist immer die Frage, mit welchem Stil man durchs Leben geht. Du solltest es dir Wert sein, einen gepflegten Stil zu haben, exakt das wirst du ernten.

Dein Fazit: ____

Ändere es zeit deines Lebens

Warte nicht auf den Tag X, wo es sich ändern wird. Denke dabei vielleicht an eine gute Freundin, die schon lange sehnsüchtig darauf wartet, endlich den richtigen Mann zu finden. Fast daran verzweifelt, weil sich nichts tut. Sie missachtet völlig, dass man dafür einiges tun muss. Die Wahrscheinlichkeit, dass gerade ein Mann, wie gewünscht, durch die Straße laufen wird, anhält, den richtigen Klingelknopf drückt und sagt „Hallo, hier bin ich, dein Prinz" ist unwahrscheinlich.

Warte nie mehr

Warten ist die schlechteste Ausgangsbasis, führt zu nichts. Warten bedeutet, die Zeit totzuschlagen. Nur in der Handlung geschehen die positiven Ergebnisse. Kein Landwirt kommt auf die absurde Idee, im Frühjahr nicht zu säen, weil er sehen möchte, was der Acker von selbst hergeben wird. Er weiß hundertprozentig, dass es ohne Aussaat, keine Ernte gibt. Dieses Prinzip solltest du dir verinnerlichen.

Gehst du halbschwanger durchs Leben

Viele gehen oft halbschwanger durchs Leben, mit halbschwangeren Resultaten. Und was ist das halbschwangere Ergebnis? Nichts, die Enttäuschung ist häufig vorprogrammiert, wie oft bist du schon enttäuscht worden? Immer wieder aufs Neue? Was bedeutet Enttäuschung? Wie es das Wort „Ent - täuschung“ ausdrückt, das Ende der Täuschung, das ist alles, du hast zu hohe Erwartungen. Das wäre noch in Ordnung, wenn du sie nur dir gegenüber hast. Aber du hast diese auch anderen Menschen gegenüber und vergisst, den Leuten klar, konkret, messbar und unmissverständlich zu sagen, was du erwartest und wie es ohne „Wenn und Aber“ sein soll. So schwelgst du lieber in deiner Scheinwelt. Die Enttäuschung sei dir zu 99% gewiss.

Sowohl, als auch...

Ich bin schwanger und auch nicht, so ist das eben in meinem Leben. Wie oft willst du noch dieses „Himmelhoch jauchzend und zu Tode betrübt“ erleben? Soll dich das für den Rest deines Lebens begleiten, macht dich das glücklich? Bestimmt nicht, im Gegenteil, es stresst ohne Ende und macht krank. Keine gute Ausgangsbasis, für ein glückliches und zufriedenes Leben. Darum schenke dir ab heute diese Angewohnheit. Entweder machst du etwas gerne, und von Herzen kommend, oder du wirfst es über den Jordan, du musst dich nicht quälen.

Ich würde gerne

Kennst du diese Floskel? Bestimmt, denn fast alle wenden sie an. „Ich würde schon gerne“ und darauf folgt meistens ein „Aber“ und die Leidensgeschichte, wieso es jetzt und für dich leider nicht geht. Das ist hausgemachter Unsinn, der viel Schaden anrichtet.

Wenn du etwas willst, tue es jederzeit mit ganz großer Freude und selbstverständlich ohne jegliches „Wenn und Aber."

Es wäre schön

Das ist genauso ein dummer Spruch. Wenn ich das höre „Es wäre schon schön!" Du armer Mensch, dann lebe weiter in deinen Träumen und Vorstellungen. Wenn du vielleicht Glück hast, könnte es irgendwann geschehen. Merkst du was? Das ist der pure Wahnsinn, derart durchs Leben zu gehen und sich zu belügen, das solltest du niemals tun. Ehrlichkeit sich gegenüber, ist eine der wichtigsten Tugenden.

Die anderen haben mehr Glück als ich

Was erzählst du da? Vielleicht sagst du jetzt, ich tue so etwas nie. Das glaube ich dir nicht, weil es fast jeder auf dieser Erde tut. Das Geschwätz, dass die anderen mehr Glück und Erfolg haben. Da musst du dich ernsthaft fragen, was du überhaupt dafür tust. Welches Engagement legst du für dein Glück an den Tag? Ich gehe davon aus, dass dir die Aussage „Jeder ist seines Glückes Schmied" geläufig ist. Was ziehst du für dich daraus? Schreibe alle Punkte auf, die du tust, um dahin zu gelangen.

1.) ____

2.) ____

3.) ____

4.) ____

5.) ____

6.) ____

7.) ____

8.) ____

9.) ____

10.) ____

Bist du begeistert? Wenn du die einzelnen Positionen überprüfst, was ist davon wirklich, klar, konkret, messbar und unmissverständlich? Ich denke nicht, dass da viel übrig bleibt? Die meisten Dinge werden schwachstrommäßig, kleine Vorhaben sein, für die du dich ein wenig engagierst, um dann in der großen Hoffnung zu leben, dass es werden wird. So quälst und frustrierst du dich von Jahr zu Jahr, bis du eines Tages überhaupt nichts mehr vorhast. Du schreitest resigniert vom Leben in die Zielgerade.

Dein Fazit: ____

Welche drei Maßnahmen sind real und sinnvoll

Wichtig ist, nicht irgendetwas aufzuschreiben, sondern die Dinge wirklich voranzutreiben und klare Ergebnisse zu schaffen. Das ist das Einzige, was auf dieser Erde zählt. Siehe zum Beispiel, wenn Landwirte keine Ergebnisse erzielen würden, hätten wir nichts zu essen, weil bei dem Wort „Ergebnisse“ die Leute fast immer opponieren. Sie meinen „Das kann doch nicht alles gewesen sein.“ Stell dir einmal vor, du möchtest gerne ein Kind mit deinem Partner haben und es werden keine Ergebnisse erzielt. Wie wäre das? Ich weiß, viele denken jetzt bereits wieder daran, dass das etwas anderes ist. Da muss ich schmunzeln, man legt es sich nämlich so zurecht, dass es passt.

Ich Arme/r

Kennst du diese Aussage? Hundertprozentig, denn viele Menschen bemitleiden sich selbst, weil es ihnen schrecklich geht und sie die größte Last dieser Erde tragen müssen. Wahnsinn, sich diese Falle zu bauen. Wenn jetzt der eine oder andere meint, dass ich gut reden habe, darf ich eines sagen, auch ich habe täglich an mir und mit mir zu arbeiten, muss mich neu trainieren und dafür Sorge tragen, dass die alten Glaubenssätze nicht überhand nehmen. Es ist jeden Tag eine Herausforderung, denn schnell falle ich in die alten Muster und Programme zurück. Das Thema ist

„Lebenslanges Lernen!"

Also suche nicht nach irgendwelchen Ausreden, dass das Wissen der anderen größer als deines ist. Du hast alles in dir, musst es nur nutzen und umsetzen.

Kennst du deine Glaubenssätze

Glaubenssätze sind die schlimmen Saboteure in deinem Inneren, die dich quälen und behindern. Hüte dich vor ihnen, denn sie sind in Wahrheit diejenigen, die den Erfolg verhindern, sie blockieren dich permanent. Ganz subtil machen sie ihre Arbeit und du merkst es oft nicht. Spürst nur in dir, dass du gerne mehr möchtest und vieles in dir steckt. Dennoch bringst du es nicht fertig, all die Dinge durchzuziehen. Du gelangst bis zu einem gewissen Punkt und das war es. Es quält dich und so vergehen viele Jahre deines Lebens.

Deine erhaltenen Glaubenssätze

Wir werden jetzt alle deine erhaltenen Glaubenssätze sammeln und analysieren. Durch das Aufschreiben werden sie uns erstmals richtig bewusst. Es würde natürlich in diesem Buch bei Weitem den Rahmen sprengen, auf jedes kleine Detail einzugehen. Aus diesem Grunde, habe ich ein Buch darüber geschrieben.

„Nimm dich vor deinen Glaubenssätzen in Acht!"

Spannend, wenn du erfährst, was sich da alles in deinem Unterbewusstsein tummelt.

Eltern

Fangen wir bei den Ersten an, die uns massiv beeinflusst haben. Gigantisch, mit welcher Kraft und welchem Durchhaltevermögen sie nimmer müde sind, das Ganze zu wiederholen. Oft begleitet es die Kinder ein Leben lang. Hier gilt es baldmöglichst, nach Eintritt in die Selbstständigkeit, das heißt mit 18 Jahren, Abhilfe zu schaffen. Nichts ist schlimmer, als wenn Eltern erwachsene Kinder, in einem Alter von 40, 50, 60 und sogar 70 Jahren drangsalieren. Schreibe alle Glaubenssätze auf, die dir deine Eltern implementiert haben.

1.) ______________________________

2.) ______________________________

3.) ______________________________

4.) ______________________________

5.) ______________________________

6.) ______________________________

7.) ______________________________

8.) ______________________________

9.) ______________________________

10.) ______________________________

Geht es dir gut, ist alles in Ordnung, oder hast du einiges erkannt? Welches sind für dich die drei schlimmsten Glaubenssätze?

1.) ______________________________

2.) ______________________________

3.) ______________________________

Wieso sind das die schlimmsten Punkte für dich? Was bewirken sie noch heute? Welchen Einfluss üben diese auf dich aus?

1.) ______________________________

2.) ____

3.) ____

Schreibe die Dinge ehrlich nieder und gehe einen Schritt weiter. Wie wirst du das Problem lösen? Wenn du es weiterhin so laufen lässt, wird es dich immer wieder massiv beeinflussen. Das Thema ist, sich endlich von den Eltern abzunabeln. Diese dürfen keinen Einfluss auf dich haben. Das hat nichts damit zu tun, dass du deine Eltern nicht liebst oder achtest. Das Problem ist, dass viele Eltern leider nicht den Absprung von ihren Kindern schaffen.

1.) ____

2.) ____

3.) ____

Du weißt doch, wie wichtig es ist, sofort vom Problem in die Lösung zu gehen. Ein wichtiger Akt, ohne diesen passiert nichts, außer du möchtest das Problem, die nächsten Jahrzehnte mit dir herumtragen. In diesem Fall kannst du es ruhig lassen. Ich denke jedoch, dass dies nicht deine Intention ist. Lese hierzu mein Buch

„Vom Problem in die Lösung!“

Dein Fazit: ______________________________________

Großeltern

Nun, auch diese haben uns beeinflusst. In der Regel aber auf eine nettere Art und Weise, positiver. Das macht nun einmal das Alter aus oder sollte es zumindest. Welche Großeltern hattest du? Wie haben diese dich beeinflusst? Was hast du von ihnen mitbekommen? Schreibe fünf Punkte auf.

1.) ______________________________

2.) ______________________________

3.) ______________________________

4.) ______________________________

5.) ______________________________

Haben sie heute noch Einfluss auf dich? Wie quälen sie dich? Meistens ist es weniger schlimm, als mit den Eltern. Ab einem bestimmten Alter haben wir leider die Großeltern nicht mehr, weil sie verstorben sind. Also können sie keinen Einfluss mehr auf uns ausüben. Ganz im Gegensatz zu den Eltern, die es Zeit ihres Lebens, nicht mit ihren klugen Weisheiten lassen können.

Dein Fazit: ______________________________

Kindergarten

Auch die Kindergärtnerinnen sind gut unterwegs. Schon das Wort „Erzieherin" hört sich abenteuerlich an. Selbst teilweise noch Kinder, kommen sie frisch von der Schule und wenden das erworbene Wissen an. Es mag gut sein und teilweise nicht. Ich hatte damals das Glück, eine wunderbare Kindergärtnerin zu haben, die fast 60 Jahre alt war, weise und auf jedes Kind eingehend. Lebenserfahrung und Klugheit, waren bei ihr ausgeprägt. Die Katastrophe fing an, als junge Mädchen frisch von der Schule kamen, das war ein gewaltiger Unterschied. Sie versuchten mich zu bändigen, anstatt mich da abzuholen, wo ich stand. Notiere deine Erfahrungen und wie haben diese dich geprägt?

1.) ______________________________

2.) ____

3.) ____

4.) ____

5.) ____

Vielleicht erinnerst du dich nicht mehr, arbeite dennoch daran, dass du wenigstens einige Anhaltspunkte herausfiltern kannst.

Dein Fazit: ____

Schule

Was die Lehrer alles mit uns angestellt haben, nette Dinge und weniger nette. Natürlich haben die Lehrer keine große Freude, wenn man darüber spricht. Ich denke, du hast dir da eine eigene Meinung gebildet. Ich hatte in der Schule Lehrer, die mich gefördert haben. Die Mehrzahl hat genau das Gegenteil gemacht. Zerstörung und sogar die Prügelstrafe. Nach dem Motto „Bisher sind wir noch mit jedem fertig geworden." Wie witzig und zum Leidwesen meiner sich arm fühlenden Eltern, solch ein schreckliches, unangepasstes Kind zu haben. Ich habe mich zum guten Glück nie davon beirren lassen. Wie war das bei dir?

1.) ____

2.) ____

3.) ____

4.) ____

5.) ____

Wie fühlt sich die Erinnerung an? Geht es dir gut? Bist du glücklich, in einer guten Schule gewesen zu sein? Oder erfasst dich eher ein Unbehagen und sogar Trauer? Denke daran

„Was vorbei ist, ist vorbei!“

Dringlich ist an dieser Stelle, dass wir die Dinge nochmals zusammenfassen und analysieren, damit wir daraus lernen, woher die Blockaden kommen, die uns erfassen und uns das Leben in der Tat, unnötig schwer machen.

Dein Fazit: ____

Firma

Wie schaut es in deiner Firma aus? Was passiert hier? Was hast du aus den Firmen jeweils mitgenommen? Was war sehr gut und was hat dich eher belastet? Halte all die Dinge fest, die für dich von Relevanz sind und dir ein sogenanntes Störfeuer bereiten.

1.) ____

2.) ____

3.) ____

4.) ____

5.) ____

Viele klagen über ihre Arbeitsstelle. Ich hoffe sehr, dass du nicht dazugehörst, denn das wäre in der Tat schrecklich und du solltest es unbedingt ändern. Es kann und darf nicht sein, dass du dich bei der täglichen Arbeit quälst.

Dein Fazit: ____

Partnerschaft

Das finde ich eine heiße Angelegenheit. Hier geschehen furchtbare Manipulationsversuche und in welch perfider Art. Es ist Wahnsinn, was alles unter dem Deckmäntelchen der Liebe geschieht. Du bekommst Glaubenssätze zu hören, die ein Leben lang belasten. Da musst du extrem aufpassen, denn ich gehe davon aus, dass du noch mitten in einer Partnerschaft lebst, oder es noch nicht lange her ist, dass du in einer warst. Lese das Buch

„Ein Millionär als Traumpartner!"

Darin geht es um die Dinge, die ewigen Manipulationen und wie man den Weg in ein glückliches und vor allem selbst bestimmtes Leben, ohne irgendwelche dummen Sprüche oder perfiden Machenschaften findet. Im Buch über die Glaubenssätze gehe ich näher darauf ein. Du darfst dir das nicht bieten lassen und musst endlich für Klarheit sorgen, dadurch geht es dir besser, du fühlst dich frei und leicht. Notiere alle Glaubenssätze.

1.) ______________________________

2.) ______________________________

3.) ______________________________

4.) ______________________________

5.) ______________________________

Als ich es das erste Mal gemacht habe, bin ich erschrocken. Ich habe gemerkt, was geschehen ist. Mit Schrecken habe ich festgestellt, was passiert, wenn man nicht aufpasst und hellwach durchs Leben geht. Das Prinzip ist einfach, entweder manipuliere ich mich oder die anderen tun es. Wie gut, wenn du eine klare Zielsetzung dein eigen nennst. Es hilft dir, eine strukturierte Ordnung in dein

Leben zu bekommen. Dadurch weißt du genau, was du willst. Es hat kein anderer Platz, der dich in irgendeiner Form mit seinen Glaubenssätzen manipuliert. Wenn du das nicht hast, bist du verloren und die anderen nutzen das aus. Deshalb passe gut auf dich auf, denn eine Partnerschaft ist nahe in der Gegenwart gelebt.

Dein Fazit: ____

Freunde

Da gibt es „Spezialisten“ die keine Ruhe geben, dich in irgendeiner Form, in die eigene Richtung zu drängen. Ganz subtil, dass du es kaum merkst, manchmal richtig massiv. Oft sind alle Mittel genehm, um den anderen gefügig zu halten. Ich bin mir sicher, dass auch du alte „Baustellen“ hast, die es dringend zu eliminieren gilt, bevor sie Schaden anrichten. Schreibe alle Punkte auf.

1.) ____

2.) ____

3.) ____

4.) ____

5.) ____

Ich bin erschrocken, als ich feststellen musste, dass sogar die engsten Freunde aktiv unterwegs waren. Ich habe es abgebaut und eliminiert, denn es kann nicht sein, dass ich mich dermaßen beeinflussen lasse. Handhabst du es genau so?

Dein Fazit: ____

Bist du ein Huhn oder ein Adler

Was bist du? Vielleicht ist es für dich eine komische Frage, die du noch nie gehört hast. Es ist jedoch wichtig, dass du dir die Antwort gibst, denn es sind Welten dazwischen. Wenn dich das Thema interessiert, kannst du ein Buch von mir lesen, mit dem Titel „Bist du ein Huhn oder ein Adler!“ Geboren sind wir alle als Adler, erzogen in der Regel als Huhn. Das ist fatal, denn tief im Inneren spürt man, dass man zu mehr fähig ist. Aber durch die permanenten Wiederholungen und dem vorgelebten Huhn-Dasein, haben wir irgendwann keine andere Perspektive und glauben es selbst, dass es so ist, da gilt es Abhilfe zu schaffen. Du lebst dadurch ein freies Leben.

Das ist die Frage

Wenn du dein Leben anschaust, was hast du für ein Gefühl dabei? Zu welchen zählst du dich? Wie ist es dazu gekommen? Was wird dir suggeriert? Sprenge den Bann und kreise wie ein Adler in den Lüften. Du hast Freiheit und Spaß an deinem Leben. Wenn du es nicht alleine schaffst, dann gehe in die Adlerschule. Hole dir einen Fluglehrer (Erfolgscoach), er wird mit dir zusammen fliegen und dir zeigen, auf was es ankommt. Du wirst Lebensfreude und Spaß empfinden, wie noch nie zuvor in deinem Leben. Eine völlig andere Dimension, wie es nur der Herrscher der Lüfte erleben kann.

Wie lebt ein Huhn

Schauen wir uns das Leben eines Huhnes im Schnelldurchgang an. Was macht es den lieben langen Tag? Es läuft im Freien herum, wenn es Glück hat und nicht im Käfig eingesperrt ist. Frisst Körner und legt pro Tag ein Ei, das war es. Dies ist ein riesiger Aufwand für wenig, getreu dem „Pareto-Prinzip“ jedoch in der umgekehrten Reihenfolge. 80% Aufwand für 20% Ertrag, eine schlechte Effizienz, die nicht für sich spricht.

Wie lebt ein Adler

Als Herr der Lüfte, lebt er weit oben in seinem Horst, blickt hinunter und steht ab und zu auf. Wenn er fliegt, breitet er die Flügel aus und ohne große Anstrengung wird er von der Thermik getragen. Ganz sanft, ohne Kraftanstrengung, gleitet er durch die Lüfte und beobachtet das Terrain unter sich. Da sieht er eine kleine Maus, weit unten. „Das lohnt sich nicht" sagt er sich. „Ich weiß genau, dass ich noch andere Chancen haben werde." „Ich muss nur ein wenig Geduld haben und dann klappt es." Er kreist weiterhin am Himmel. Da sieht er ein Kaninchen und denkt sich, dass ein Kaninchen doch interessanter ist. Trotzdem wartet er lieber noch ein wenig. Plötzlich sieht er eine kleine Gämse. „Genau das ist es" denkt er sich. Ohne große Kraftanstrengung stürzt er sich hinunter, breitet seine Flügel zum Bremsen aus und krallt sich das kleine Tier. Mit wenig Aufwand hat er viel erreicht. Es ist das

„Wilfried Pareto-Prinzip"

wie es optimaler nicht sein könnte, 20% Aufwand und 80% Ertrag. Welch ein Freudenfest, genau so muss es sein. Mit wenig Aufwand, viel bewegen und erreichen.

Was bist du

Wenn du diese beiden Vergleiche anschaust, was bist du? Nach welchem Prinzip lebst du? Wie geht es dir dabei? Schreibe die Punkte auf.

1.) ______________________________

2.) ______________________________

3.) ______________________________

4.) ______________________________

5.) ____

6.) ____

7.) ____

8.) ____

9.) ____

10.) ____

Was denkst du? Höchstwahrscheinlich geht es dir so, wie den meisten auf den Lehrgängen

„Ich wäre gerne ein Adler, aber........!"

Na klar, wie immer sofort eine Alibigeschichte hinterher schicken. Wie ätzend, dass man überhaupt so sein kann. Das ist unklug und eine Frechheit den Mitmenschen gegenüber. So sollte man nicht durchs Leben gehen, das ist keine Art und Weise. Nun denn, solange es die lieben Mitbewohner dulden, akzeptieren und zu feige sind, Abhilfe zu schaffen, wird es bleiben, wie es war und ist.

Dein Fazit: ____________________________________

Was möchtest du sein

Es gibt viele Möglichkeiten, darüber solltest du dir im Klaren sein, sonst funktioniert das nicht. Das wäre wirklich schade, denn so zieht dein Leben an dir vorbei und das geht schnell. Wenn du kurz zurückblickst, wo waren die letzten 5, 10, 20 und noch mehr Jahre? Weg, einfach nur weg, aus und vorbei.

Was bist du in Wirklichkeit

Meistens haben wir eine große Diskrepanz zwischen dem, was wir gerne sein möchten und dem, was wir sind. Das ist schade und total ungesund. Wenn es zur Belastung wird, macht es einem unnötig krank. Deswegen gibt es viele Menschen, die unglücklich sind. Das ist eine Geschichte, was weitaus schlimmer ist, wenn man glaubt, an dieser Situation nichts ändern zu können, das ist grausam und schrecklich. Sorgen Sie unbedingt dafür, dass Sie hier niemals hineingelangen.

Wie fühlst du dich dabei

Ist es aufbauend und stärkend, motivierend oder vernichtend? Bei allem, was du tust, beachte stets, dass es dir gut geht, du im Wohlfühlbereich bist und damit voller Energie und Elan. Wenn nicht, sorge dafür, dass du Maßnahmen einleitest. Es geht um deine ureigene Lebensqualität.

Sei ein Kämpfer

Mache es dir zu deiner Lebensmaxime. Du bist von Natur aus ein Kämpfer und was für einer. Aber wenn du das vergessen hast und so lebst wie bisher, darfst du nicht erstaunt sein, wenn du genau diese Resultate erzielst. Viele checken es leider nicht, dass ein direkter Zusammenhang besteht. Ein Kämpfer hat eines im Kopf, Sieg, Sieg und nochmals Sieg. Da ist kein Platz für Versagen und Aufgeben. Sorge dafür, dass du zur alten Größe heranwächst. Packe es an, es tut dir gut und du kommst in ein anderes Leben hinein.

Jetzt erst recht

Die Devise heißt „Jetzt erst recht!“ Immer wenn du denkst, du kannst nicht mehr, sage dir jetzt erst recht. Das mag sich womöglich für dich ein wenig komisch, sogar pathetisch anhören, ist jedoch genau der Punkt. Du bist dafür verantwortlich, dich selbst regelmäßig zu motivieren. Du alleine und da darfst du dich niemals auf andere verlassen, das tun leider die meisten. Ich sehe das auch auf den Seminaren, nach dem Prinzip „Motiviere mich!“ Das ist lächerlich, funktioniert nicht. Was ist Motivation? Es ist nichts anderes, als ein Motiv zu haben, ein großes, starkes sogar und danach zu leben. So gelangst du automatisch in die Motivation hinein. Es trägt dich förmlich weiter und dahin, wo du gerne sein möchtest, dafür brauchst du niemanden von außen.

Lass dich von niemandem beirren

Am besten du kaufst dir im Pferdezubehörhandel ein paar Scheuklappen, ziehst diese auf und gehst deines Weges. Denn es gibt leider Menschen am Wegesrande, die versuchen, dich abzulenken. Dabei dir klarzumachen, dass du auf dem falschen Weg bist, es anders machen musst, du sonst keinen Erfolg hast. Das sind die sogenannten „Besserwisser" die alles können, jedoch selbst nichts bewegt haben. Furchtbar, solche Menschen und manchmal habe ich das Gefühl, es werden immer mehr. Wenn ich schon die Einleitung höre „Also, weißt du, ich würde an deiner Stelle" sträuben sich mir alle Nackenhaare. Ich pflege stets zu sagen „Dann mache es doch selbst!" Wenn ich mir noch den Erfolg dieser Pappenheimer ansehe, ist alles klar. Außer einer großen Klappe, steckt nichts dahinter, denn erfolgreiche Menschen haben es nicht nötig, sich so kundzutun. Diese behalten es für sich und sind froh, ihre Ruhe zu haben. Also, ganz einfach, diese Typen gleich richtig einzuordnen. Lassen Sie sich nie mehr von diesen Leuten beirren.

Du bist genial

Überlege einmal, wie großartig dein Körper funktioniert. Die gesamten Mechanismen laufen ohne dein Zutun ab. Du hast unendlich viele Fähigkeiten in dir und lebst mit einem Bruchteil davon. Ändere es, packe es an, leiste mehr als alle anderen. Wo diese aufhören, fängst du an, laufe eine Extrameile. Tue mehr, wie von dir verlangt wird, dadurch bist du eine Quelle der Unentbehrlichkeit.

Du bist der Größte

Das solltest du dir permanent sagen. Das hat nichts mit Überheblichkeit oder Ignoranz zu tun. Es entspricht der Wahrheit, und wenn noch deine Leistung daran angepasst ist, ist es genial. Wenn du dich im Spiegel siehst, lächle dir zu und hebe den rechten Daumen, als Zeichen für

„Alles okay, du bist wundervoll!"

Es wird dir ein wenig eigenartig erscheinen, es ist jedoch von elementarer Bedeutung, dass du dich magst, annimmst, wie du bist und dich liebst. Das erleichtert dir dein Dasein, um ein Vielfaches.

Du hast es nicht nötig, aufzugeben

Das ist der nächste Punkt, du hast es nicht nötig, aufzugeben. Nie und nimmer, denn aufgeben tun nur Verlierer und niemals Gewinner. Führe dir das stets vor Augen, wenn du wieder in den Bereich hineinkommen solltest, wo du denkst, jetzt würde ich am liebsten aufgeben. Frage dich dann „Bin ich ein Verlierer?“ Darauf kannst du doch nur mit „Nein“ antworten und gleich alles daran setzen, dass es wieder weitergeht. Es ist nicht so kompliziert, hat ausschließlich mit Disziplin und absoluter Konsequenz zu tun.

Bleibe dabei, egal was kommt

Eine starke Größe, immer dabei zu bleiben, egal was kommt. Dafür muss deine Vision stark und groß sein, dass du so leben kannst. Kleine, sogenannte Schwachstromdinge, sind zu streichen und zu eliminieren. Aber große Dinge müssen dir wehtun, dass du schon gar nicht auf solch eine Idee kommst. Wenn, müssen sie sofort ausgemerzt werden. Du siehst, es liegt ausschließlich an dir und deiner Einstellung, hat nichts mit Glück zu tun. Stell dir vor, deine Eltern hätten es aufgegeben, dich zu ernähren und groß zu ziehen, dann würde es dich heute nicht geben. Hätte man dich nicht regelmäßig in die Schule gehen lassen, hättest du ein Problem, du könntest nicht einmal dieses Buch lesen.

Große Dinge entstehen, wenn man dran bleibt

Es ist so einfach, denn von nichts, tut sich nichts. Das war schon immer so und wird so bleiben. Durchhaltevermögen ist das „A und O.“ Wenn dich das näher interessiert und das sollte es, kaufe mein Buch „Wieso hast du so wenig Durchhaltevermögen!“ Wie es das Wort ausdrückt, du musst da durchgehen, es aushalten und dann gelangst du zu Vermögen. Was tun die meisten, sie geben auf. Ich wünsche mir, dass du dieses Prinzip verstanden hast.

Wer sind deine Freunde

Zeige mir deine Freunde und ich sage dir, wer du bist! Du kennst sicherlich diese Aussage und weißt du was? Sie trifft hundertprozentig zu, ich bin überrascht, wie haargenau das passt. Auch wenn einige behaupten „Das wäre alles ganz anders." Nichts ist anders, alles hat stets eine Ursache und folglich eine Wirkung. Ich hoffe für dich, dass du gute Freunde hast, die dich unterstützen und aufbauen. Menschen, die dich positiv beeinflussen, selbst zu den Machern und nicht zu den Jammerern gehören.

Wer hindert dich

Schreibe deine Freunde auf, die dich mit ihren Aussagen behindern, permanent etwas von dir wollen. Sei ehrlich dabei, auch wenn es dir leid tun könnte und du meinst, das wäre schade. Es ist leider so, dass alles nach dem Energieprinzip verläuft.

„Etwas gibt Energie oder kostet Energie!"

Dazwischen gibt es nichts, gewöhne dich daran, diesen Weg zu analysieren. Wer tut dir gut, wo kommst du neu gestählt zurück? Jede Begegnung, sei es per Telefon oder persönlich, muss so sein, dass du danach sagen kannst „Das war toll, ich fühle mich bereichert!" Dann bist du auf dem richtigen Weg. Wenn du jedoch sagen musst „Das hat mich Energie gekostet" liegst du falsch und es ist ernsthaft zu überlegen, wie lange du das noch mitmachen möchtest. Halte diese Leute fest.

1.) ____

2.) ____

3.) ____

4.) ____

5.) ____

6.) ____

7.) ____

8.) ____

9.) ____

10.) ____

Was denkst du über deine Liste, ist sie korrekt? Fehlen einige Namen oder willst du welche streichen? Diese Liste muss dir keine Angst machen. Sie soll für dich eine Stütze auf deinem Lebensweg sein, um zu mehr Klarheit und Lebensfreude zu gelangen. Im zweiten Durchgang überlegst du dir, wie wichtig dir diese Menschen sind und was diese dir bringen. Vielleicht findest du das unmöglich, derart über Menschen zu urteilen. Dann kann ich dir nur sagen, einen schönen Gruß an deine Glaubenssätze und mache ruhig so weiter. Oder du sagst

„Ja, es tut irgendwo weh, aber ich muss für mich endlich Klarheit finden und Ordnung schaffen!"

Halte nachfolgend fest, was dir diese Menschen geben und ob du auf sie verzichten kannst.

1.) ____

2.) ____

3.) ____

4.) ____

5.) ____

6.) ____

7.) ____

8.) ____

9.) ____

10.) ____

Ich denke, jetzt siehst du klarer. Du musst nicht sofort anfangen zu streichen. Wenn du unsicher bist, verschiebe es auf morgen oder spätestens übermorgen und überlege dir die Maßnahmen. Leite sie ein, Stück für Stück. Als ich das damals gemacht habe, war es für mich am Anfang komisch. Ich habe mich langsam daran gewöhnt und es wurde zur Selbstverständlichkeit. Heute bin ich froh, dass ich es getan habe.

Dein Fazit: ____

Wer fördert dich

Wer fördert dich und tut dir gut? Wo blühst du auf und fühlst dich gut aufgehoben? Auch davon wird es hoffentlich einige geben, wenn auch nicht viele. Mir sind Menschen, mit vielen Freunden immer ein wenig suspekt. Entweder wird jeder dazu gezählt und man gönnt sich keine Auswahl oder es ist einem zumindest egal, wer dazugehört und wer nicht. Schreibe alle auf.

1.) ____

2.) ____

3.) ____

4.) ____

5.) ____

6.) ____

7.) ____

8.) ____

9.) ____

10.) ____

Merkst du zwischen den beiden Parteien einen Unterschied? Jetzt, vom sogenannten grünen Tisch aus, was fühlt sich für dich besser an? Wo geht es dir schon bei dem Gedanken daran besser oder sogar sehr gut?

Dein Fazit: _______________________________________

Erfolgreiche beginnen da, wo Erfolglose aufhören

Ich finde diese Aussage wunderschön und habe sie auf meinem Schreibtisch stehen. Als klare Motivation und Inspiration für das tägliche Geschehen. Manchmal passiert es, dass man denkt, jetzt geht es nicht mehr, es klemmt, ich habe keine Lust. Genau diesen Punkt gilt es zu überwinden, und ohne Umwege auf sein Ziel hinzuarbeiten. Am besten, du schreibst dir diesen Spruch auf ein großes Blatt Papier und hängst es dort auf, wo du es permanent siehst. Lese es so oft, wie du kannst, laut vor. Es tut dir gut und bestärkt dich, dass du auf dem richtigen Weg bist, denn all die anderen werden versuchen, dich vom Gegenteil zu überzeugen.

Wer hilft dir

Das ist eine Grundüberlegung, wer hilft dir auf dem Weg in eine neue Dimension? Wer ist bei dir und besonders stark? Diese Frage gilt es frühzeitig zu stellen, denn wenn es erst soweit ist, ist es oft zu spät. Am besten du bemühst dich rechtzeitig, um einen Erfolgscoach, der dir hilft, dich unterstützt und für dich da ist.

Jetzt erst recht

Dies ist ein weiterer Slogan. „Jetzt erst recht" lautet dein Kampfmotto. Du bist nur so stark, wie deine Gesinnung, dein Geist, dein Kopf, deine Seele und dein Körper. Alle müssen auf Sieg programmiert sein, dadurch bringst du Höchstleistungen zustande. Alles andere ist leider zu schwach. Bei den ersten Störungen bist du schnell vom Fenster weg. Für mich ist Michael Schumacher ein großes Vorbild. Man kann von ihm halten, was man will, er ist und war ein einmaliger Stratege. Auf ihn haben genau diese erwähnten Eigenschaften zugetroffen. Er war vollends auf Sieg programmiert, was anderes kam für ihn nicht infrage. Er war bis in die letzte Zelle beseelt, als Sieger durchs Rennen zu gehen. Genau davon solltest du dir eine Scheibe abschneiden. Tue es wirklich und schiebe alle Zweifel weit von dir.

Gewinnerblut in dir

Auch du hast Gewinnerblut in dir. Denke daran, dass dieses Blut permanent in Wallung sein muss. Sieg, Sieg und nochmals Sieg. Gewinner haben ein besonderes Blut, ich wünsche dir die Kraft und die Power, es zu erkennen. Fange endlich an zu leben!

Gebe dich mit Gewinnern ab

Wenn du selbst einer werden willst. Gewinner denken, reden und handeln anders. Sie haben für etwas anderes keinen freien Platz in ihrem Leben. Sie stehen morgens auf und der erste Gedanke, ist der Sieg. Den Tag über haben sie es in sich, abends wenn sie ins Bett gehen, geht es genauso weiter. Es gibt keinen Platz für irgendetwas anderes. Sieg und Gewinn über alles, Probleme bleiben außen vor. Vielleicht denkst du nun, dass das kein normales Leben ist. Es ist sehr normal und absolut selbstverständlich für Gewinner, jedoch für Verlierer nicht nachvollziehbar. Da hätten wir wieder die alte Geschichte „Jeder verdient das, was er verdient hat“ denke darüber nach.

Verlierer kosten dich Energie

Verlierer sind die größten Energiefresser. Wenn sie ihren Mund aufmachen, kommt fast meist nur Jammern und Wehgeklage heraus, das ist ätzend. Diese Menschen haben noch die Eigenschaft, dass sie sich gerne darin baden und laben. Sie finden es toll, derart zu leben. Jetzt ist die Frage, ob du das mitmachen willst oder nicht. Ich habe für mich entschieden, dass ich keine Lust dazu habe, mich mit solchen Typen abzugeben.

Wieso willst du aufgeben

Solltest du wieder einmal in die Gefahr des Aufgebens kommen, frage dich sofort, was du davon hast, es dir bringt. Frage dich auch, was alles kaputt geht, wenn du es zulässt? Der Schaden ist um ein Vielfaches größer, als noch einen Tag durchzuhalten. Am nächsten Tag machst du es genauso. Nur noch einen Tag und dann nochmals einen Tag, dadurch geht es dir mit der Zeit ständig besser.

Möchtest du zu den Verlierern gehören

Frage dich ernsthaft, ob du zu den Verlierern gehören willst. Der einzige Vorteil wäre natürlich, dass du dich auch in die Reihe der Jammerer und Zauderer einreihen kannst. Da wärst du in bester Gesellschaft und könntest es dir gut gehen lassen. Das kann jedoch nicht Sinn der Sache sein, was meinst du?

Wer zwingt dich zum Aufgeben

Das ist die nächste Frage, die ich immer wieder stelle. Wer zwingt dich dazu? Das gilt es zu klären, denn wenn du es herausgefunden hast, geht es dir besser.

„Gefahr erkannt, Gefahr gebannt!"

Das ist die Maxime, die Erfolgreiche sich permanent abrufen. Wer zwingt mich, meistens kommt ein Ergebnis heraus. Man selbst ist so verrückt, dass man sich hineinmanövriert. Das ist nicht gut und schadet einem am meisten.

Was macht dir Angst

Diese Frage musst du dir unbedingt stellen, Angst ist der größte Verhinderer. Lähmt die Menschheit so sehr, dass sie kopflos wird und nicht mehr klar denken kann. Der Fokus verengt sich und die Resultate sind entsprechend. Halten wir auch die Angst fest, denn sie ist eine feststehende Größe, die wir nicht wegreden können.

1.) ____

2.) ____

3.) ____

4.) ____

5.) ____

6.) ____

7.) ____

8.) ____

9.) ____

10.) ____

Wie geht es dir? Merkst du, dass vieles mit den Glaubenssätzen zusammenhängt, denn diese Angst ist und war ein probates Mittel, um andere gefügig zu machen. Hier gilt es unbedingt, sich der Angst bewusst und ihrer habhaft zu werden.

Dein Fazit: ______________________________________

Was hast du davon, wenn du aufgibst

Was passiert dadurch? Wer aufgibt, hat verloren. So sollten wir als Erwachsene nicht durchs Leben gehen. Halte fest, was du davon hast, wenn du aufgibst.

1.) ____

2.) ____

3.) ____

4.) ____

5.) ____

6.) ____

7.) ____

8.) ____

9.) ____

10.) ____

Es kommt für mich nicht infrage, da ich nicht aufgeben will, dennoch mache dir bitte Gedanken und schreibe die Punkte auf. Analysiere diese, denn je besser du dich kennenlernst, desto besser kannst du mit dir umgehen. Genau darum geht es, getreu nach dem Prinzip von

„Vorbeugen ist besser, als heilen!"

Dein Fazit: _______________________________________

Lasse dich coachen

Genau das ist das Prinzip von erfolgreichen Menschen. Diese wissen eines, dass das Kostbarste, was sie haben, eindeutig ihr Leben ist und die Zeit, die sie geschenkt bekommen haben. Sie wissen, wie schnell diese läuft und irgendwann ist die Lebenszeit abgelaufen. Folglich heißt die Devise klar, nicht darauf warten, dass etwas passiert, oder die Dinge von alleine geschehen werden. Alles in die eigenen Hände nehmen, sich trainieren und coachen lassen, damit es schneller geht. Es ist keine Schande, sich Hilfe zu holen. Im Gegenteil, es ist ein Zeichen von Stärke und getreu dem Motto „Der Kluge lernt von Profis, nur der Narr macht alles alleine!“ Nach dem Prinzip „Versuch und Irrtum“ das solltest du dir schenken, sei absolut weise und klug.

Du lässt dir doch auch sonst helfen

Siehst du und wenn du ein Problem mit deinem Erfolg hast, holst du dir einen Erfolgs-Coach, das ist alles. Die Schwierigkeit hierbei ist natürlich, dass du es nicht gewohnt bist, man hat es dir nicht vorgelebt. In allen anderen Dingen bist du trainiert, das ist für dich nichts Neues und du handelst sofort. Genauso machst du es jetzt auch und der Erfolg wird dir gewiss sein.

Hole dir einen Erfolgs-Coach

Warte keine Minute länger, ein Erfolgs-Coach kennt den Weg und kann dich fordern und fördern. Er hilft dir zügig voranzukommen und Fehler zu vermeiden, die Zeit und Geld kosten. Wichtig ist bei deiner Auswahl, dass du dir einen Coach nimmst, der schon mindestens 20 Jahre, mit großem Erfolg auf dem Markt ist. Was nützt dir ein Anfänger, der womöglich gerade frisch von der Schule kommt? Was hat dieser erlebt? Das, was man ihm beigebracht hat, sonst nichts. Die Praxis ist aber eine andere Geschichte, als die Theorie. Auch wenn das jetzt einige nicht gerne lesen.

Ebenso sollte dein Coach Bücher und Fachartikel geschrieben haben, als klares Zeichen, dass er etwas zu sagen hat. Hier gibt es viele, die darauf angesprochen, antworten „Wieso sollte ich ein Buch schreiben, es gibt doch schon zu viele auf dem Markt!“ Das ist völliger Unsinn, die Wahrheit lautet „Ich kann keines schreiben!“ Ein schneller und einfacher Test für dich ist auch, gib den Namen bei „Google“ ein. Setze vor und nach dem Namen Gänsefüßchen, dadurch wird explizit danach gesucht. Da siehst du sofort, wie etabliert er ist.

Das kostet doch Geld

Das ist die nächste, nette Geschichte. Es kostet Geld, das heißt, du musst zuerst säen, bevor du erntest. Die meisten sind jedoch nicht dazu bereit. Sie geben lieber für alles andere Geld aus, als für ihr persönliches Training. Ich habe zeit meines Lebens Unsummen in mein Wissen und Können investiert. Es ist mein wertvollstes Kapital, welches ich habe. Wenn du mehr Geld verdienen möchtest, musst du den Menschen wesentlich mehr Nutzen bieten. Dann funktioniert es, alles andere kannst du vergessen.

Du erhältst von uns ein kostenloses Probetraining

Was musst du tun? Du schreibst uns unter crameri@crameri.de, Stichwort „Erfolgs-Coaching“ dein Anliegen und was du erreichen möchtest. Danach erhältst du einen Fragebogen, um abzuschätzen, ob wir der richtige Ansprechpartner sind. Dann folgt ein kurzes Telefongespräch, von ca. 10 Minuten, welches kostenlos ist. Wenn Erfolgschancen bestehen, wirst du zu einem kostenlosen Training, nach Bad Dürkheim eingeladen. Dort lernst du unsere Arbeitsmethode kennen. Gemeinsam wird entschieden, ob weitergemacht wird oder nicht.

Die unterschiedlichsten Formen warten auf dich

Sei es bei einem speziellen Problem, ein einmaliges Coaching, über mehrere Wochen, Monate oder auch Jahre, je nachdem was du erreichen und bewegen möchtest. Erfolgreiche Menschen haben alle ihren Coach, der ihnen im Alltag hilft, denn man kann unmöglich alles alleine managen. Das funktioniert nicht, dafür gibt es Spezialisten. Gecoacht werden kann bei dir vor Ort, im Urlaub, in Bad Dürkheim, am Telefon oder sonst wo auf dieser Erde. Dem Ganzen sind wahrlich keine Grenzen gesetzt. Entsprechend sind auch die Kosten, die nach dem ersten Training mit dir eruiert werden, damit du weißt, was dich erwartet. Wahrheit und Klarheit, von der ersten Minute an.

Abschlusswort

Lieber Leser,

ich finde es super, dass du bis hierher mitgemacht hast. Klasse, dein Durchhaltevermögen, nun geht es aber weiter. Wichtig, dass du nicht denkst, jetzt ist alles in Butter und für alle ewigen Zeiten geregelt. Das Leben ist ein höchst aktiver Prozess, der bewusst geführt werden muss, sonst funktioniert es nicht. Du musst dich jeden Tag aufs Neue, zum Erfolg konditionieren und eisern dabei bleiben. Baue dir zwischendurch immer wieder Belohnungen ein, diese helfen dir als zusätzliche Motivation.

Ich wünsche dir von Herzen, viel Erfolg auf deinem Lebensweg. Ziehe alle deine Träume durch, ohne eine Minute zu zögern. Der Lohn des Fleißigen und Erfolgreichen sei dir gewiss.

Ich freue mich sehr von dir zu hören, dich einmal auf der einen oder anderen Schulung zu sehen, oder bei einem unserer Events. Packe es an, nimm dein Leben voll und ganz in deine Hände und lasse es nie mehr los.

In diesem Sinne alles Liebe und Gute

Dein Ernst Crameri

Meine und unsere Dienstleistungen

Da ich der Meinung bin, dass das Leben spannend und aufregend ist, habe ich mich nie mit einer einzigen Sache begnügt. Ich wollte immer wesentlich mehr tun und haben. Ein Mensch hat unendliche Fähigkeiten, darum gilt die Theorie von „Schuster bleib bei deinen Leisten" schon lange nicht mehr. Vergessen Sie das, und dass man den erlernten Beruf beibehalten sollte, ist auch ein Ammenmärchen. Das Leben ist Vielseitigkeit und spannend, wenn wir etwas daraus machen. Deshalb freue ich mich sehr, Ihnen die verschiedensten Dienstleistungen zur Verfügung zu stellen. Gerne bin ich und mein Team für Sie da, um Ihnen die Wünsche von den Augen abzulesen, Sie zu verwöhnen und dazu beizutragen, dass Sie ein wundervolles Leben auf Erden führen können.

Hier die Dienstleistungen nach alphabetischer Reihenfolge
Wählen Sie aus dem großen Leistungsspektrum und fragen Sie nach den Konditionen. Gerne sind wir für Sie da und beantworten Ihnen alle Fragen, denn glückliche und begeisterte Kunden sind unser Ziel.

- Bücher schreiben
- Einzelbehandlungen (Fitness/Wellness/Schönheit)
- Erfolgsproduzent und –coachings
- Events
- Hoteltesting
- Hörbücher
- Mystery X Tests
- Naturkosmetik-Produkte
- Privat-Jet
- Reisen

- Schönheitsfarm
- Seminare
- Vorträge

Bücher schreiben

Sie erhalten von uns Bücher, zu den verschiedensten Themen, rund um das Leben. Ebenso bieten wir Ihnen das Ghostwriting an. Das heißt, wir schreiben für Sie Ihr Buch. Ganz wichtig für Unternehmer, denn ein eigenes Buch schafft eine wunderbare Reputation. Wenn Sie ein neues Produkt auf den Markt bringen, ist es ideal, wenn Sie das passende Buch dazu anbieten. Als Fachmann zeigen Sie durch ein eigenes Buch eine hohe soziale Kompetenz.

Unsere Kunden, die sich von der Masse der Mitbewerber abheben wollen und damit einen anderen Nimbus erhalten. **Ärzte,** die ihre spezielle Behandlung publizieren. **Hotels,** die über ihr Haus mit besonderen Eigenheiten berichten. **IT-Firmen,** die etwas Neues entwickelt haben und weitere Firmen, quer durch alle Branchen.

Wieso Ernst Crameri: Weil ich zurzeit bereits 53 Bücher geschrieben habe und weitere folgen. Weil ich weiß, wie es in der Branche abgeht, welche besonderen Kenntnisse erforderlich sind, ein Buch zu schreiben und zum Erfolg zu bringen.

Einzelbehandlungen (Fitness/Wellness/Schönheit)

Wir leben nur ein Mal und unseren Körper nennt man auch treffend, den Tempel, in dem die Seele und der Geist wohnt. Damit der Organismus möglichst lange auf einem hohen Level funktioniert, ist es dringlich, dass wir ihn pflegen und für ihn da sind. Sie erhalten Behandlungen von Kopf bis Fuß. Von intensiver Massage, über fernöstliche Behandlungen und den verschiedensten Spezialanwendungen. Näheres auf der Webseite www.wellness-einzelbehandlungen.de.

Unsere Kunden sind Menschen, die mehr für sich tun wollen. Den Zeitgeist klar erkannt haben, wie wichtig es ist, dass man sich behandeln und pflegen lässt. Vom jungen Mädchen, bis hin ins höchste Alter hinein. Männern wie Frauen, die sich verwöhnen lassen.

Wieso Ernst Crameri: Weil ich aufgrund der jahrelangen Erfahrung einen riesigen Fundus an Wissen und Können mitbringe. Durch die Hotels weiß ich auch, wie und was läuft. Genauso wie auch die Schwachstellen in den einzelnen Firmen. Ein qualifiziertes Team an Behandlern wartet auf Sie.

Erfolgsproduzent – und coachings

Als Erfolgreicher ist eines wichtig, das Erfolgswissen weiter zu vermitteln und anderen Menschen zu helfen, zum Erfolg zu gelangen. Das ist in jeder Hinsicht eine wundervolle Aufgabe. Es gibt folgende Arten von Coachings, einmal vor Ort in den Firmen, dann am Telefon. Es geht mit täglichen und wöchentlichen Coachings los. Wenn eine Veränderung stattfinden soll, ist es dringlich, dass man dran bleibt. Denn die alten Gewohnheiten lassen sich nicht über Nacht über Bord werfen. Es ist stets ein längerer Prozess, ein Reifeprozess, der stattfindet.

Wer sind die Kunden, von kleinen Kindern bis hin ins höchste Alter. Es sind Menschen, die etwas in ihrem Leben verändern möchten. Für die es in dieser Art nicht mehr weiter gehen kann. Wichtig dabei ist der klare, eiserne Wille, der Veränderung. Von Einzelpersonen aus allen Schichten und Berufszweigen, bis hin zu großen Firmen.

Wieso Ernst Crameri: Weil ich weiß, wie man aus Menschen Spitzenleistungen rausholt, sie mit einem Lachen und dennoch der nötigen Ernsthaftigkeit zum Erfolg führt. Erfolg ist kein Zufall, sondern planbar.

Events

Wir organisieren große Events, für die verschiedensten Veranstalter. Dabei übernehmen wir die komplette Dienstleistung der Lokationssuche, bis hin zum Catering und kompletten Handling, dass die Veranstaltung reibungslos abläuft. Selbst organisieren wir eigene Events in der gesamten Welt und für Firmen, die für ihre besten Mitarbeiter Incentives ausrichten.

Wer sind unsere Kunden, Firmen und Seminarveranstalter, die das Handling einem Profi überlassen. Genauso wie Einzelpersonen, die ein außergewöhnliches Fest, wie zum Beispiel Hochzeit, Geburtstag oder sonstige Festivitäten ausrichten.

Wieso Ernst Crameri: Events zu organisieren erfordert einen riesigen logistischen Aufwand, es sind viele Parameter, die zusammen spielen, damit es reibungslos über die Bühne geht. Ein qualifiziertes Team steht Ihnen, mit Ernst Crameri, während der Veranstaltung vor Ort zur Verfügung und managt den gesamten Ablauf.

Hörbücher

Hörbücher als wunderbares Instrument, für die Fort- und Weiterbildung. Ideal beim Autofahren, als sogenannte rollende Universität, um neues Wissen zu erlangen. Ebenso beim Sport und auch im Alltag einsetzbar.

Wer sind die Kunden, von der Einzelperson bis hin zu Firmen, die für ihre Mitarbeiter unsere Hörbücher bestellen und verschenken. Oder sogar als Pflichtprogramm für das eigene Team einsetzen. Nur wer permanent trainiert, hat Erfolg.

Wieso Ernst Crameri: Weil ich mit meiner Sprache voller Begeisterung, die Leute motivieren kann. Die Sprache und Ausdrucksweise muss fesselnd sein und die Zuhörer begeistern. Es muss im Gegenüber etwas ausgelöst werden. Ein sich Wiederfinden, um in die Umsetzung zu gelangen.

Mystery X Tests

Als Kunde in Geschäfte gehen und einkaufen, den Service, die komplette Dienstleistung zu überprüfen, um nachher die positiven wie negativen Seiten mit der Geschäftsleitung und dem Team zu analysieren. Danach in die Veränderung zu gehen, durch Training vor Ort.

Wer sind die Kunden, jeder der ein Geschäft hat und auf Servicequalität und Kundenzufriedenheit großen Wert legt. Denn die heutige Konkurrenzsituation ist riesig, wenn ein Kunde nicht zufrieden ist, geht er gleich. Dies gilt es zu vermeiden, und für die Kunden stets die allerbeste Leistung zu bieten.

Wieso Ernst Crameri: Weil ich die Zusammenhänge schnell erkenne und die Firmen wieder in den positiven Mehrwertbereich für die Kunden führe. Jede Firma hat sogenannte Leichen im Keller aber auch Goldadern. Ersteres gilt es zu eliminieren und die Goldadern zu bergen.

Naturkosmetik-Produkte

Herstellung und Vertrieb der eigenen Crameri-Naturkosmetik-Produktelinie, seit über 25 Jahren. Kein riesiges Sortiment, sondern ein straffes und hochkarätiges, für jeden Hauttyp. Spannend auch als White-Labeling, das heißt, die Produkte erhalten das Etikett des Kunden und sind somit seine Produktlinie.

Wer sind die Kunden, der Endverbraucher, welcher jeden Monat die Produkte für den persönlichen Bedarf bezieht. Schönheitsfarmen, Kosmetik-Studios, Friseure, Masseure, Physiotherapeuten, Farb- und Stilberaterinnen, Fußpfleger, Fachgeschäfte und Hotels beziehen die

Produkte. Bei White-Labeling handelt es sich um dieselben Kunden.

Wieso Ernst Crameri: Weil wir seit über 25 Jahren erfolgreich auf dem Markt sind, und Sie in uns einen zuverlässigen Partner haben. Von der Produktion bis hin zur Vermarktung.

Privat-Jet

Ein absoluter Traum, in den Privat-Jet einzusteigen und dies ohne lange Kontrollen und Warten. Die Maschine steht bereit, Sie fahren an und wenige Minuten später befindet sich der Jet bereits in der Luft. Schneller und bequemer geht es nicht.

Wer sind die Kunden, Einzelpersonen, die schnell von A nach B müssen. Skiflüge nach St Moritz, zum Autorennen nach Monte Carlo, nach Sylt und weitere spannende Flüge. Firmen, die ihre besten Kunden oder Mitarbeiter zu einem Incentive einladen.

Wieso Ernst Crameri: Weil wir seit über 20 Jahren in diesem Metier vertreten sind. Ich bin stets dabei und betreue die Gäste vor, während und an den Destinationen. Ich liebe es, mit dem Privat-Jet unterwegs zu sein.

Reisen

In die gesamte Welt, am meisten Kreuzfahrten auf Flussschiffen und auf den Weltmeeren. Mit wunderbaren Rahmenprogrammen, wie besonderen Ausflügen, Vorträgen und Seminaren. Ebenso exclusive 5* Hotels, auf der ganzen Welt.

Wer sind die Kunden, Einzelpersonen, die gerne auf den Events dabei sind und Firmen, die Incentivereisen für ihr Team und ihre Kunden durchführen. Die besondere Belohnung für außergewöhnliche Menschen.

Wieso Ernst Crameri: Weil ich die schönsten und besten Schiffe persönlich kenne. Bei den Reisen selbst dabei bin, oder das qualifizierte Team.

Schönheitsfarm

Naturkosmetik-Schönheitsfarm, mit ganzheitlichen Behandlungen von Kopf bis Fuß. Um sich richtig schön verwöhnen und die Seele baumeln zu lassen.

Wer sind die Kunden, 60% Frauen, die sich etwas Besonderes gönnen und 40% Männer. Diese sind immer stärker auf dem Vormarsch. Einzelpersonen buchen, genauso wie Frauen, die ihre beste Freundin oder Mutter mitbringen, bis hin zu Vereinen und Firmen. Männer, die aufs Seminar kommen und die Frauen werden in der Zeit verwöhnt.

Wieso Crameri-Naturkosmetik: Wir sind bereits seit über 35 Jahren auf dem Markt und bilden auch im Beauty & Wellnessbereich aus. Ein hoch qualifiziertes Team wartet auf Sie.

Seminare

Zum Thema Erfolg und alles, was damit zusammenhängt, ganzheitliche Rhetorik, Erfolgsdenken, Geld-Seminare, Ausbildungen zum Beauty&Wellness-Spezialisten, Erfolg im Internet, Social Media und vieles mehr.

Wer sind die Kunden, Einzelpersonen, die sich fort- und weiterbilden möchten. Firmen, die ihr Team zum Training und zur Ausbildung schicken.

Wieso Ernst Crameri: Durch Zehntausende von Schulungen und Seminaren, top im Training und stets auf dem Laufenden. Ferner gehöre ich zu den Top 100 Excellent Trainers in Europa. Mit großer Leidenschaft auf vielen Veranstaltungen dabei.

Vorträge

Spannende und fesselnde Vorträge vor kleinem und großem Publikum. Vorträge zu den verschiedensten Themen rund um Erfolg. Verstärkt Vorträge zum Thema Internet und hier vor allem Social Media.

Wer sind die Kunden, Organisationen, die mich engagieren, Verbände, Vereine und Firmen. Innovativ unterwegs, in eine völlig neue Welt des Erfolges.

Wieso Ernst Crameri: Durch die brillante Sprache und Ausdrucksweise, ein fesselnder Redner, welcher das Publikum begeistert. Sein schweizer Akzent und Humor, begeistert die Zuhörer im In- und Ausland.

Bei Fragen wenden Sie sich bitte direkt an

Crameri-Naturkosmetik GmbH
Mannheimerstr. 11b
67098 Bad Dürkheim
Tel. 0049-6322-5734
Fax 0049-6322-66071
E-Mail: Sekretariat info@crameri.de
Geschäftsleitung gn@crameri.de

Ein Auszug aus unseren Werken

Ein Millionär als Traumpartner

Partnerschaftsratgeber gibt es in Hülle und Fülle. Trotz des prasselnden Feuerwerks an gut gemeinten Informationen und Richtlinien, scheinen die Menschen ihr Verhalten nicht anzupassen und werden in Beziehungen immer unglücklicher und unglücklicher.

"Ein Millionär als Traumpartner" packt dieses Problem von einer ganz neuen Seite an. Es wird ganzheitlich vorgegangen. Anstatt den Menschen Vorschriften zu machen, wird ihnen ein Spiegel vorgehalten, der klar macht, wo die Ursachen für die Umsetzungsprobleme liegen.

Weitere Bücher finden Sie unter www.bücherverlag.com
oder unter www.buchverlag24.de

Wahrheit und Klarheit im Kosmetik- und Wellness-Institut

Hier geht es um viele Fakten in der Wellness-Branche. Was oft als Wellness verkauft wird, hat fast nichts damit zu tun. Eine klare Abrechnung mit den schwarzen Schafen, die leider eine wunderbare Branche in hohem Maße durch Ignoranz und Inkompetenz, in Misskredit bringen.

Dies muss wahrhaftig nicht sein. Das Buch dient für Wellness-Bewusste als klare Entscheidungshilfe, was zu erwarten und auch einzufordern ist. Genauso, was zu tun ist, im Falle von schlechter Leistung. Es geht um mündige Bürger, die ihre Rechte und Pflichten klar kennen. Für die Fachwelt dient das Buch als Unterstützung sich danach richten zu können, was alles wichtig ist, um zum Erfolg zu gelangen.

Weitere Bücher finden Sie unter www.bücherverlag.com
oder unter www.buchverlag24.de

Horror
Eingewachsene Zehennägel

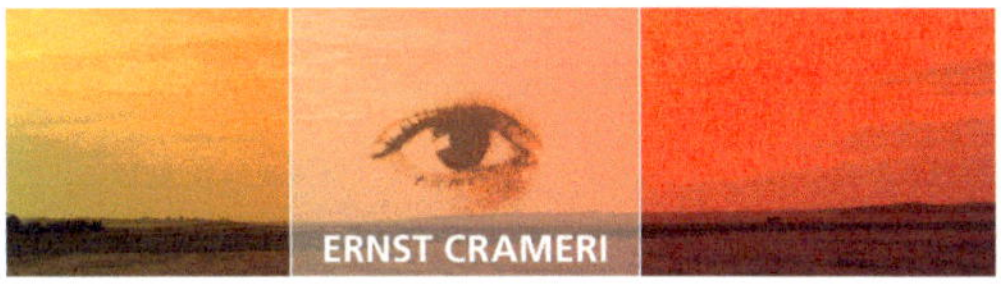

Horror

Eingewachsene Zehennägel

Woher kommen eingewachsene Nägel

Was können Sie dagegen tun

Wertvolle Tipps aus der Praxis

Der Horror für jeden, der schon einmal in den Genuss eines eingewachsenen Zehennagels kam. Das dünnste Leintuch ist oft eine große Qual, Schmerzen ohne Ende. Angefangen mit leichtem Einwachsen, bis hin zu den schlimmsten Entzündungen. Leider ist das Verständnis für diese Störung nicht vorhanden.

Sowohl der Laie als auch die Fachwelt setzen des Öfteren viele große Fragezeichen. Schade, denn durch eine Nagelspangenkorrektur, wie man sie auch aus der Zahnmedizin kennt, ist sehr wohl Abhilfe zu schaffen. Ein Buch für den Profi wie den Laien, sich hier zu Recht zu finden.

Bist du ein Mörder
Ich habe mein Tier einschläfern lassen

Das Buch dient zur Unterstützung, für die letzten Stunden Ihres Schatzes. Irgendwann kommt das unvermeidliche Ende. Sie stehen davor, können es nicht fassen, versuchen es auszublenden. Ertragen das Leiden Ihres Freundes nicht mehr. Sie wünschen sich, dass Ihr Schatz friedlich und sanft einschläft. Wollen nicht die letzte Entscheidung treffen.

Sie kämen sich wie der Herrscher über Leben und Tod vor. Das Buch hilft Ihnen, in diesen schweren Stunden, mit wertvollen und selbst erlebten Inputs. Alle Höhen und Tiefen, der Schmerz, der alles übertrumpft, was bisher jemals da war. Es hilft Ihnen, zu einer Entscheidung zu gelangen. Besser mit Ihrer unsäglichen Trauer klar zu kommen.

Weitere Bücher finden Sie unter www.bücherverlag.com
oder unter www.buchverlag24.de

Bist du ein Huhn oder ein Adler

Bist du ein Huhn oder ein Adler, das ist die große Frage. Als Adler geboren wird jeder Mensch. Dann geht es jedoch meistens sofort ab in den Hühnerstall. Dort fristet der ehemals stolze Adler ein tristes Dasein. Den lieben und langen Tag gackernd. Pro Tag als Produktion, ein Ei legen. Das ist schade und traurig. Dieses Buch hilft dir festzustellen, wo und als was du lebst. Danach die Kurve zu bekommen und wie ein Adler in völliger Freiheit, als Herr der Lüfte zu leben.

Ein großartiger Weg wartet auf dich. Du musst nur anpacken und loslegen. Arbeite an dir und kehre zurück zu deinen Eigenschaften. Finde für dich deine große Lebensvision. Du bist ein Adler, nun geht es nur noch darum, dass auch du endlich, wie ein Adler lebst und handelst.

Der unendliche Schmerz der Verlassenen

Der unendliche Schmerz der Verlassenen, ist Befreiung und eine neue Chance. Das zu erkennen und nicht abzustürzen, ist Sinn dieses Buches. Ihnen aufzuzeigen, wie viele Chancen sich durch das Ende einer Partnerschaft ergeben. Auch Zeit und Raum für den Schmerz zu lassen, aber ein positiver Umgang mit ihm.

Sehen Sie es als Chance und nutzen Sie diese. Sei es, dass Ihr Partner zurückkommen wird, oder um sich neu zu orientieren. Das Leben ist in jeder Hinsicht Fülle, die gilt es zu nutzen. Viele Tipps aus dem Leben, gestählt aus diesem Dilemma herauszukommen. Tipps für die Zukunft, für neue Partnerschaften, auch wenn das im Moment für Sie noch kein Thema sein sollte.

Servicewüste Hotels

Es hat lange gedauert, bis ich mich endlich hingesetzt habe, um über das Thema zu schreiben. Der Wunsch war schon seit Langem da, aber in der Realität dauert manches eben länger. Nun denn, jetzt ist es soweit. Ich freue mich besonders, für Sie in der Gewissheit das Buch zu schreiben, dass es vielen Menschen helfen wird.

Für mich war in der Tat die Motivation, diesem leidigen Gejammere etwas engegenzuhalten. Hoteliers, welche klagen, jammern und auf der anderen Seite die Gäste, die häufig mit den dargebotenen Leistungen unzufrieden sind. Oder nicht wissen, was sie überhaupt möchten.

Weitere Bücher finden Sie unter www.bücherverlag.com
oder unter www.buchverlag24.de

Hast du auch diese schlimme Krankheit Verschieberitis

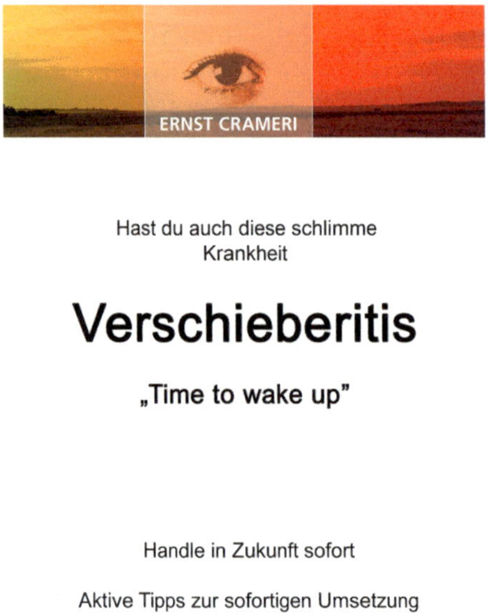

Es ist spannend, dass Sie dieses Buch gekauft haben. Bestimmt leiden Sie auch unter dieser Krankheit „Verschieberitis!" Kein schöner Moment in unserem Leben, denn er hindert uns am Fort- und Weiterkommen. Dies ist schade, da unsere Zeit auf Erden leider beschränkt und limitiert ist.

Wir haben kein unendliches Leben, sondern ein endliches. Das heißt, eines Tages ist es aus und vorbei. Wie schön, wenn wir dann wenigstens sagen können „Oh ja, wir haben voll und ganz gelebt!" Das wünsche ich Ihnen von Herzen, denn es macht zufrieden und glücklich.